大公国际资信评估有限公司
DAGONG GLOBAL CREDIT RATING CO.,LTD

信用评级创新研究丛书

QUANTITATIVE METHODS AND
APPLICATIONS
IN CREDIT RATING

信用评级中的量化研究方法与应用

主　编：吕柏乐
副主编：应海峰　徐黎明

中国财经出版传媒集团
中国财政经济出版社

图书在版编目（CIP）数据

信用评级中的量化研究方法与应用／吕柏乐主编
. --北京：中国财政经济出版社，2021.12
（信用评级创新研究丛书）
ISBN 978 -7 -5223 -0936 -1

Ⅰ.①信… Ⅱ.①吕… Ⅲ.①信用评级－量化－研究－中国 Ⅳ.①F832.4

中国版本图书馆 CIP 数据核字（2021）第 232872 号

责任编辑：樊清玉　　　　责任印制：党　辉
封面设计：智点创意　　　　责任校对：徐艳丽

信用评级中的量化研究方法与应用
XINYONG PINGJI ZHONG DE LIANGHUA YANJIU FANGFA YU YINGYONG

中国财政经济出版社 出版

URL：http：//www.cfeph.cn
E－mail：cfeph@cfeph.cn

社址：北京市海淀区阜成路甲 28 号　邮政编码：100142
营销中心电话：010－88191522
天猫网店：中国财政经济出版社旗舰店
网址：https：//zgczjjcbs.tmall.com
北京时捷印刷有限公司印刷　各地新华书店经销
成品尺寸：170mm×240mm　16 开　15.25 印张　145 000 字
2021 年 12 月第 1 版　2021 年 12 月北京第 1 次印刷
定价：72.00 元
ISBN 978－7－5223－0936－1
（图书出现印装问题，本社负责调换，电话：010－88190548）
本社质量投诉电话：010－88190744
打击盗版举报热线：010－88191661　QQ：2242791300

序

Foreword

自金融业产生以来，金融市场与风险就相生相伴，两者如影随形。随着现代金融体系的搭建和市场规模不断扩大，经济周期性、结构性、制度性问题多重叠加，金融发展形势错综复杂，风险防范工作任重道远。

信用评级机构是金融市场中自生自发的社会中介组织，在降低信息不对称、实现风险监测与定价方面发挥着重要作用。在中国经济转型升级的过程中，信用评级行业也发生着深刻变革。近两年来，关于评级行业的政策密集出台，其中中国人民银行等五部委2021年8月联合发布的《关于促进债券市场信用评级行业健康发展的通知》具有里程碑意义，充分表明监管机构对信用评级行业的关注与重视，也从侧面反映出中国经济发展新阶段对整个金融服务业提出的要求与期许。

与国际信用评级行业百年发展历程相比，中国信用评级行业起步较晚，竞争能力相对较弱，但在监管政策积极引导下，中国评级行业正向着规范、健康和高质量发展转型。恰逢金融科技赋能的数字经济时代，中国评级行业可在借鉴发达国家风险度量和管理研究成果基础上，结合中国实际情况，对评级方法体系进行全面升级改造。同时，我们将会对信用风险管理进行系统性思考，形成专业的理论体系。

按照人类认知模式，风险管理技术研究大致可以分为主观建构型和客观实证型两个方向。主观建构型根据主观分析或定性分析方法来衡量风险因素，代表模型就是要素分析法，即根据风险的形成要素进行定性分析，必要时配以定量计算。客观实证型某种程度上也是被认知主体理解和接受的客观实体，区别于主观建构型的是，它对风险采用数理统计的方法进行相对客观的测度，即量化研究分析。这种理念下的模型方法具有较强的解释性，但也需设置更为严苛的前提假设。随着信息技术的发展，主观建构型和客观实证型两个研究方向进一步交叉融合，相互塑造，相互成就，尤其是人工智能和大数据方法被引入后，风险评估模型呈现出更复杂多样的特征。

量化研究方法是社会科学领域的研究方法之一。定性分析是经常且必要的方法，但由于其主观性，在商业社会中却不是始终值得信赖的，极容易被诟病为不符合客观、公正的原则。采用量化研究方法对信用风险进行定量评估，彰显了精细化分工社会所尊崇的高端、专业、理性的迷人气质。

风险的随机性、复杂性和动态性决定了建立通用、系统的模型方法的难度。因为中国市场经济体制具有特殊性，比如国有经济成分占主导地位，政府与企业的信用界限模糊，现代企业制度建设面临不少难题，风险计量的新技术应用方面需要进行大量尝试、修正与校验。对中国信用评级从业者而言，量化研究方法的应用必然带有定性分析判断，两者往往相辅相成、密不可分，因而体现出社会科学和人文理念的有机结合。根据企业主要数据进行研究，分析师会对公司经营情况和信用风险产生模糊的认知，而复杂和精密的计算能为分析提供更为可信的佐证，也使评级模型的回溯测试变得更可行，为评级质量的提升创造条件。

当下的信用评级行业正处于转型调整时期，作为亲历者和实践者，如何理解行业发展所面临的新格局，又该以怎样的勇气与智慧去完成时代赋予的使命，是信用评级行业从业者无法回避的问题。这本书记录了我们些许不成熟的想法和初步尝试，权当抛砖引玉之用，期待各位专家同仁多多批评指正，用我们点点滴滴的努力，共同推动中国评级行业的发展。

时间是书写者，历史是见证人。信用评级行业如何为中国经济转型贡献力量，如何在金融市场风险防控方面更好地发挥作用，正取决于吾辈今日之努力。如果历史的长河在此处泛起浪花，请将我们这一代人的果敢、担当以及对信用评级事业的不懈追求凝聚成中国信用评级行业发展壮大的足迹。

大公国际资信评估有限公司党委书记、董事长

编委会主编

2021年11月22日

前言

Preface

2014年开始，我国债券市场违约的企业数量和债券规模均持续攀升，债券违约常态化趋势愈发明显。2020年以来，在新冠肺炎疫情冲击下，国际宏观局势愈发复杂，各主要经济体均出现不同程度的负增长，相关行业景气度下降、实体经济流动性不足，逆全球化进程大大加剧，进一步加剧了债券发行人的违约风险，同时也对信用评级质量的准确性和前瞻性提出了更高的要求。评级行业作为金融市场上重要的服务性中介机构，在市场运行中发挥着揭示信用风险、辅助市场定价、提高市场效率、改善融资环境等积极作用。在当前背景下，为顺应金融市场大数据和信息化的潮流，适应评级行业日新月异的变化，大公国际积极开展基于数理统计的创新型信用评级方法研究，持续挖掘对信用等级具有显著预测能力的另类因子，深入探索量化评级模型的构建方法，并将研究成果形成《信用评级中的量化研究方法与应用》一书，希望本书能够对我国信用评级行业的转型发展带来新的启发。

本书围绕量化方法在信用评级领域的发展和应用这一主题，共分八个章节展开。

第一章与第二章对信用评级行业的发展历史、信用评级理论以及目前信用评级行业中使用的量化模型方法进行梳理与总结，具体介绍了层次分析、主成分分析与因子分析、KMV模型与CreditRisk+模型、蒙特卡洛与隐含评级等量化方法。

第三章基于经典非参数统计检验方法，从利差显著性检验、边际违约率及平均累积违约率、等级迁移矩阵分析三方面进行计算，构建信用评级质量检验的维度，并列举具体案例进行了佐证分析。

第四章、第五章与第六章，均是基于大公国际量化研究项目，将金融理论、数学模型与实证应用相结合，展示了大公国际在金融科技赋能信用评级方面的探索与实践。其中，第四章使用插值模型对债券的估值方法进行研究和完善，并与目前的估值结果加以比较；第五章构建风险预警因子，并应用Logistic回归模型和极大似然算法建立债券信用风险预警模型；第六章基于聚类分析和多分类Softmax模型，以电力、房地产和城投三大行业为例，对影响信用评级的行业关键要素进行识别并对主体级别加以分类预测。

第七章结合债券型指数产品的发展现状，在债券估值预警模型的研究基础上，探索构建债券维度和主体维度信用风险指数，并对行业和地区维度的指数结果进行深入解读。

第八章对量化方法与信用评级结合的研究进展加以总结，并对信用评级行业未来的发展进行展望。

全书主要展现了近年来信用评级行业中新兴的量化模型和数理方法的实践应用，但由于量化研究方法在信用评级领域应用时间较短、研究范围和样本有限，可参考的相关经验较少。同时，债券市场相对于其他金融市场的数据结构和特征存在明显差异，导致量化方法的应用也存在一定的局限性。因此，在未来的研究中，我们将继续针对债券市场和评级行业的特点，不断完善模型方法，进行优化和适应性改进，推进适用信用评级行业的量化模型和方法的持续更新。此外，我们也会顺应当下大数据、机器学习、人工智能的发展潮流，对评级业务数据进行充分整合、高效运用、深度加工，结合信息技术为信用评级行业赋能。未来，评级技术和量化方法的迭代升级势必将会对评级行业产生深远的影响，我们在研究中也将及时洞悉内外部环境的变化并快速响应，不断提升评级服务的效率和质量，丰富评级产品的多样性，充分发挥自身专业价值，更好更快地适应时代进步和行业发展。

目录

Contents

第一章　信用评级行业概况

第一节　信用评级理论概述

一、信用评级的产生背景

信用评级是金融市场中一类特殊的中介服务，在稳定金融市场运行、防范金融风险、高效配置经济资源方面起到重要作用，被誉为资本市场的“看门人”。评级机构依据科学的指标体系，对债券的发行量、发行方式、发行人信用质量等因素进行考量，以通用简明的符号，向社会表明被评级单位的偿付债务能力和意愿，为投资人提供决策参考。信用评级按照受评对象一般可以分为主体评级和债项评级，在揭示信用风险、降低投资者交易成本、促进债券市场健康发展等方面均发挥了重大作用。

如今，国内外债券市场规模不断扩大，债券市场产品的投资种类和渠道日益丰富，为了促进直接融资并更好地防范债券市场风险，市场推出了公募 REITs、资产支持商业票据、标准化票据、新型证券公司次级债、短期公司债、县城新型城镇化建设专项企业债券等多个创新性债务融资工具产品。信用评级作为衡量信用风险的重要指标，根据评级对象自身业务，对其未来发展情况进行预测，同时结合各类影响因素，综合全面地反映主体的信用状况，使得债券市场的发展更加规范、透明。此外，信用评级经历了跨时间、跨对象的多重实践验证，已发展成为适用范围普遍的科学体系，不仅能够客观准确地反映主体的真实业务水平，而且凭借其全面性、科学性、公正性等特质，已成为各企业发债前衡量信用风险程度的最有效方法。

信用评级的历史最早可以追溯到 20 世纪的美国。穆迪①作为世界上第一家信用评级机构，通过使用简单的信用评级符号对公司发行的债券进行区分。随后，其他评级机构相继进入市场。作为第三家进入市场的惠誉②，则开创了目前经典的 AAA 级到 D 级的信用评级符号体系。

① 穆迪投资者服务公司，简称穆迪，下同。

② 惠誉国际信用评级有限公司，简称惠誉，下同。

20世纪二三十年代，信用评级机构除了简单收集有关公司财产、资本、公司管理、人员的信息以外，还对证券及公司的相对投资价值进行分析。此时的信用评级体系已实现对信息进行收集和分类的功能，通过对债券及其发行人附上相应的评级符号，体现评级机构对发行人信用风险程度的专业判断，展现出现代信用评级机构的初步特征。信用评级在这一阶段开始受到投资者的重视，尤其在1929年经济大萧条时期，大量公司破产倒闭导致债券违约，但被评为高等级的债券违约率很低，这让投资者和管理当局相信，信用评级能够给予投资者适当的保护。

自此，信用评级的重要性得到投资者和管理当局的认可，其他国家的评级机构也开始诞生，评级行业开始了其全球化的发展历程。随着债券市场的蓬勃发展，受评对象的范围已扩大到资产支持证券、其他固定收益或债务型结构性融资证券等多种类型。

二、信用评级的经典方法

信用评级是通过对影响级别的要素进行定性和定量分析完成的，根据使用方法的不同，可以分为要素分析法、功效系数法、加权打分法、定性分析法和定量分析法等。这些方法的基本思路都是从信用风险的本质入手，以评级对象偿债来源对债务的覆盖程度为依据，同时综合考虑宏观经济、区域环境、行业发展等外部影响，偿债来源、盈利能力及产品和服务竞争力等内部影响，以及其他外部支持和特殊风险事项的影响，对受评对象的偿债能力和偿债意愿做出综合衡量。此外，还使用可比性调整、绿色因素、外部支持等调整项依次对评级对象的初始级别进行调整，并将调整结果进行累加，从而得到最终主体信用级别。由于信用评级衡量的是受评对象的违约风险，从理论上而言，等级越高的主体违约风险越低，则发行人的融资成本越低，投资者的收益越低，由此，信用评级会对受评对象在债券市场上的发行定价产生一定的影响。

1. 要素分析法

要素分析法是较为经典的信用评级方法。对信用状况的分析通常从安全性、收益性、成长性、流动性、生产性五个方面来考量，分别对应信用的基础、保证、动力、表现和条件。评级机构通过与大量受评对象的接触，根据积累的经验并参考财务指标，同时结合不同地区和行业内的比较结果，由评审委员会投票对客户的信用水平进行最终判定。

2. 功效系数法

功效系数法参考多目标规划算法，确定出受评对象各项指标行业内的最差值和最佳值，进而以最差值为下限，计算各指标实现最佳值的程度，并根据各项指标的权重情况和功效函数，转换为具体得分，最终得到评级结果。功效系数法的计算公式为：评级结果 = ∑[60 +（该指标的实际值 - 该指标的最差值）/（该指标的最佳值 - 该指标的最差值）×40] × 该指标权重。功效系数法通过规定单个指标的得分范围，使得单一指标对整体评级结果的影响显著减弱，并通过每个受评对象的总和指标值，直观反映出受评对象在同行业中的地位。

3. 加权打分法

加权打分法在目前评级行业中的应用最为广泛。评分人先根据不同评估指标在金融市场中的占比来确定其初始权重，进而确立各因素的不同级别分值，最后依据受评对象的具体表现来汇总得分。加权打分法的结果可以包含主要模糊评判的信息，所得结果更接近实际情况，且由于预先对质量级别进行了划分，使得信用评级过程得以简化，大大提升了评级效率。但是，加权打分法也存在一些缺陷：第一是未能区分指标的不同质性，导致计算出的综合得分不尽科学；第二是评分人在打分过程中，受自身偏好和经验的影响，难以避免会给出较为主观的数值。

4. 定性分析法与定量分析法

定性分析主要分为行业风险评估和业务风险评估两方面，即对受评对象的行业周期情况、国家政策变动、未来成长空间等方面进行综合分析，同时根据受评对象的经营历史、业界口碑、行业地位、领导层管理水平等因素，将两者相结合，综合考量企业未来运营能力和盈利能力。评级机构通过了解管理层对财务策略的运用模式，分析决策人的风险偏好和偿债行为，评估其偿付能力和偿债意愿、债务安排的合理性。定量分析则重点分析受评对象的财务风险。例如，评级机构可以根据企业的总资产报酬率、成本费用利润率、销售利润率等指标来推算其盈利情况，从而判断企业可变现资产对到期债务的覆盖水平。上述两种方法交叉运用，相互佐证，得出受评对象的信用等级。

此外，随着统计学、计量经济学、计算机科学与技术、运筹学等学科不断发展，相关的研究成果也逐步被学者们应用到信用风险分析领域，成为衡量信用风险的重要方法，例如，KMV 模型和 CreditRisk + 模型等。同时，大数据、机器学习等新兴技术的发展日益成熟，相关的蒙特卡洛、神经网络、随机森林和支持向量机等方法应运而生。从传统的评级模型到创新性量化模型的发展运用，信用评级方法不断优化，信用风险识别能力不断提高，评级结果愈加全面与可靠。

事实上，信息不对称的情形在债券发行人与投资者之间普遍存在，投资者在分析债券投资价值和进行交易决策时，需从良莠不齐的各类信息中查找、整理、分析、判断，一方面产生了极高的消除信息不对称性的成本，另一方面判断结果也存在着较高的个体主观色彩。而信用评级的出现在一定程度上解决了上述问题。首先，信用评级可以较好地帮助投资者降低信息不对称性，减少投资者在进行投资决策过程中收集信息的成本，为其投资决策过程提供评级机构专业的评级意见，减弱由于个人偏好所带来的主观因素影响，并有助于提升市场的价格发现能力、资本流动性和配置效率。其次，根据市场有效性理论，信用评级结果作为一种面向社会及投资者的公共信息，会通过价格将评级信息反映出来。最后，信用评级以公开、公正、客观的评判标准，起到了间接监督的作用，对企业运营发展提出规范化要求，为当局者对金融市场的管理提供便利。

综上，一个科学且准确的信用评级体系可以为投资者的行为决策提供参考，极大地降低了投资成本，减少投资风险，提高决策效率，同时降低交易中出现严重错误定价的概率，起到监督企业管理的作用。另外，信用评级具有审慎性、独立性、客观性等行业特点，可实现揭示企业信用风险的目的，对于企业管理者、投资者、监管者等都具有重要意义。

第二节　国内外评级行业的现状

一、国内外信用评级行业的发展历程

自20世纪以来，各国相继诞生了自己的评级机构，信用评级机构的数量逐渐增加，信用评级行业的规模也逐步扩大，在此，我们主要对美国、中国和其他新兴市场国家信用评级行业的发展历程加以回顾分析。

作为信用评级行业的发源地，美国建立了一套较为完善的信用评级行业体系。根据美国证券交易委员会（SEC）公布的全国认可的统计评级组织（NRSRO，Nationally Recognized Statistical Rating Organizations）2020年年报，截至2019年年末，有9家美国信用评级机构获得NRSRO资质，其中，起源于美国的“三大国际信用评级机构”——标普[①]、穆迪、惠誉在美国的市场份额超过95%，在欧洲的市场份额高于90%，显示出三大信用评级机构在全球评级市场的寡头垄断地位仍较为稳固。

① 标准普尔，简称标普，下同。

而新兴市场评级机构的发展历程则颇为曲折。以印度的评级行业为例，2018年9月，印度基础设施租赁和金融服务有限公司面临意外违约，而该公司曾获得AAA的评级结果，因而引起了印度市场对信用评级机构专业性的质疑。在检查了几家本地信用评级机构后，印度证券交易委员会（Securities and Exchange Board of India，简称SEBI）发现它们没有发挥足够的专业判断力来保持客观性和独立性。为了恢复投资者对信用评级机构的信心，印度证券交易委员会和印度储备银行（Reserve Bank of India，简称RBI）在2019年6月采取了各种措施，要求信用评级机构对其受评对象的评级质量进行更多披露，包括累积违约率、违约基准的可能性和流动性指标。印度证券交易委员会还调整了违约率的计算方法，要求评级机构披露评级关键要素并制定统一的标准程序，以期增加市场透明度，帮助投资者做出更明智的决定，并使印度评级机构与全球遵循的标准保持一致。

国内评级行业虽成立时间较晚，但在监管要求和市场需求的双重推动下，经历了行业初创、两市分立、两市统一和快速发展阶段，在不断规范、不断强化中逐步壮大。20世纪80年代后期和90年代早期，我国第一批独立的信用评级机构相继创立。1997年，中国人民银行发布《关于中国诚信证券评估有限公司等机构从事企业债券信用评级业务资格的通知》，为9家评级机构颁发了业务资质。2005年，央行发放了5家第一批银行间债券评级机构的牌照。2009年5月，中国首部国家主权信用评级方法由大公国际①发布。国内评级机构快速发展的同时，外资评级机构也陆续登陆中国。1999年惠誉率先进入中国；2001年和2004年，穆迪和标普先后在北京市设立代表处，负责开拓中国业务。

随着21世纪以来中国债券市场的快速发展，信用评级的需求大大增加，通过收购股权等方式，外资评级机构与多家中资评级机构进行了合作，包括中诚信国际②、联合资信③在内的一些国内大型评级机构都在这段时间内引入了外资。由于中资评级机构在专业性和技术水平等方面均与国际评级机构存在明显差距，且国外市场已被三大评级机构所垄断，导致中资评级机构基本无法进入国际信用评级市场。此外，国内评级市场被外资评级机构垄断存在着一定弊端。首先，由于评级行业涉及企业大量的核心数据和关键信息，如果被外资公司占领，我国龙头企业、主要机构、重点行业、地方政府乃至国家的信息和数据等均会被悉数洞察，在信息和数据安全方面造成重大隐患。其次，由于标普和穆迪是美国独资公司，惠誉是美英合资公司，国内评级市场被上述三家公司垄断后，在主权信用评级标准的制定过程中不可避免

① 大公国际资信评估有限公司，简称大公国际，下同。

② 中诚信国际信用评级有限公司，简称中诚信国际，下同。

③ 联合资信评估股份有限公司，简称联合资信，下同。

地反映出资本主义国家的意识形态和社会信仰，即以美英为标准的“盎克鲁—萨克逊模式”。该模式以自由市场经济理念为核心，与此理念的相似度越高，则评级越高。在此标准下，新兴市场国家的企业很难能够获得穆迪的A级信用评级，取得B级的主体数量也远远少于美国企业。尽管美国政府债务的上限不断提高，但仍能霸占大量的国际资源，维护自身在全球的金融霸权地位。

然而，受三大评级公司在行业内垄断地位的长期影响，投资者的决策很大程度取决于它们的评级结果，债券能否顺利发行以及发行成本的高低直接由其所获得的评级级别决定，较高级别的债券往往能以较低的成本发行。此外，一个公司或经济体评级的上调会使投资者对该公司或经济体的前景更加充满信心，进一步加大投资；而下调评级则会导致投资者产生恐慌情绪，进而抛售该公司或经济体的债券，最终可能造成相关公司的破产倒闭，引发系统性风险和金融危机，这就是信用评级所造成的金融市场顺周期发展的情况。因此，评级机构在未来的信用分析中应该充分发挥和体现逆周期性以及谨慎性原则，提前揭示或预测信用风险。

目前，国内信用评级行业在各方面的建设都亟待加强。首先，是监管和法规问题。评级机构面临多个监管机构，多头管理带来的规则不统一问题大大增加了管理成本和沟通成本。例如，监管部门对国内信用等级业务流程、评级体系、级别符号、评级作业流程、作业时间等进行了详细规定，但不同债券市场因监管部门不同而规定不同。其次，监管法规供给不足也是突出的问题。例如，新《证券法》明确了中介机构连带赔偿责任，但对评级机构的责任边界、处罚依据、处罚标准等问题仍未给出明确界定，在债券市场违约频发的外部环境下，也会成为影响评级机构高质量发展的制约因素。再次，对于所有评级机构普遍存在的预评级情况，现有法律法规中均未对其采取限制性规定，但监管检查时以预评级为理由，对评级机构实施处罚，引起了很大争议。最后，评级行业的行业制度和评级机构内部也存在问题。例如，现行的“发行人付费”的评级收费模式相比“投资者付费”模式存在一定缺陷，但是否需要改变还处于探索之中。

评级机构的问题在于信用评级过程涉及主观因素较多，缺少统一、规范的评级标准，导致行业公信力不高、难以发挥向社会揭示信用风险的重要作用。首先，评级机构因级别区分度不高，事前、事中风险揭示能力不强，高级别主体占比较大等评级质量问题备受诟病。例如，违约率倒挂、级差倒挂的情况时有发生，利差分析也会出现检验不显著的结果，表明债券市场参与主体的发行成本与评级机构评定的级别未完全实现一致和统一，市场对评级结果仍未达到100%的认可度。其次，随着近年来债券市场信用风险事件频发，债券违约逐渐常态化，信用评级表现出一定的迟滞性，对信用风险的事前、事中警示能力较弱，没有完全发挥信用评级所特有的防范风险的功能。最后，我国特有的债券发行制度和较高的准入门槛导致信用评级级别普遍偏高，发行人主体级别分布集中于 AA 级以上，AAA 级、AA + 级、AA 级主体发行规模合计占比 84%[①]左右，信用评级在区分和计量信用风险方面的能力较为薄弱。从竞争力上看，我国评级机构间的相似度很高，导致业务较为重合，缺少差异化竞争优势，没有形成自己独特的甚至拥有知识产权的评级技术。

综上所述，评级行业的发展还需要各方面齐头并进。监管和法规方面，虽然 2019 年 11 月发布的《信用评级业管理暂行办法》规定了“行业主管部门 + 业务管理部门 + 行业自律组织”三位一体的统一管理框架，在统一监管方面迈出了重要一步，但还需深入解决评级机构面临的监管规则不统一、沟通成本高等问题。此外，还要增加法律法规的供给，例如，确定评级机构的责任边界，增加事前、事中的警示，而不只是进行事后处罚等，逐步完善评级监管和法规的行业体系和标准。

从评级行业来看，在收费制度方面，国内正在探索“投资者付费”的模式，一定程度上将有利于消除评级机构与受评主体间的利益冲突问题，保证评级公司在评级过程中的公

① 根据 Wind 统计，2015—2020 年新发债中 AA 级以上主体发行信用债规模合计占比（分母未剔除无级别数据）平均达到 83.79%。

正性和独立性。具体而言，《关于促进债券市场信用评级行业健康发展的通知》中提到“鼓励信用评级机构开展主动评级、投资者付费评级并披露评级结果，发挥双评级、多评级以及不同模式评级的交叉验证作用”，鼓励评级机构回归本源，揭示信用风险，使评级结果更能真实反映发行人的风险水平，使得行业竞争趋向市场化，促进评级行业健康发展。

对于评级机构本身，也需要加强评级指标体系构建，学习和使用先进的评级方法和技术，努力提高评级质量，创新评级产品，明确业务特色，形成竞争优势。例如，穆迪和标普的业务在美国主要集中于债项评级，而金融机构的评级则主要由金融服务公司 Lace 完成，从差异化的竞争中凸显评级机构各自的核心竞争力。在提升评级质量方面，评级机构正在积极探索的基准信用评估（Baseline Credit Assessment）评级方法，这将极大地提升评级区分度，解决评级虚高问题。因此，评级机构应从评级技术、评级质量、产品布局等多方面入手，建立和提高自己的核心竞争力，巩固评级行业在资本市场中不可或缺的地位。

二、信用评级方法的对比分析

评级方法作为信用评级机构的核心技术，主要是对受评对象的信用状况进行客观分析，并根据实际情况判定信用风险水平。目前，行业内主流的债券评级方法主要有传统信用评级、隐含评级以及大数据评级三类，这些方法都有各自的特点和适用场景，也有一定的局限性和缺陷。随着对评级结果准确性的要求日益提升，评级机构在不断对评级方法进行完善和更新，因此，实际应用时要结合业务特点和具体需求，有针对性地选用合适的评级方法。

传统信用评级方法从企业基本面角度出发，叠加宏观环境和行业环境等评价要素，对受评主体的信用风险进行分析。评价要素可分为定性和定量两类，定性方面包括特色优势、政府支持力度、社会责任、公司治理等。因为定性分析涉及的指标在评价时具有模糊性，得出的评价结果也会因人而异、因时而变，结合模糊数学的分析方法可以有效地解决这个问题。模糊分析方法可以分为以下两个步骤：首先，建立一元线性隶属函数，对各单项指标求出在对应区间内的取值并进行评价；其次，求出综合隶属度，反映出各指标的重要程度，进而采用模糊矩阵方法对各指标隶属度进行复合运算，从而得出计算结果并进行信用风险分析。定量分析中，加权平均法的应用较为广泛，可将成本因素和非成本因素同时纳入。该方法首先是挖掘可能对企业信用水平产生影响的各个因素，然后再将全部因素由强到弱进行排序，通过排序结果给出对应的划分标准和等级得分，进一步将该因素的影响权重乘以对应的等级得分得到实际得分，使用加权方法得到分析结果。

隐含评级是在市场价格的基础上对发债主体的信用风险进行分析。与传统信用评级方法相比，隐含评级除对受评主体的经济基本面进行分析以外，更多考虑的是相关主体所发债券市场交易的价格，利用市场的价值发现功能，通过交易价格反映出投资者等市场参与者对受评主体信用风险的评价。因此，相较于传统评级方法，隐含评级方法能够更加及时地捕捉发债主体的各方面信息，对信用风险进行更为迅速准确的预警。目前，隐含评级方法已经在国际上得到了广泛的应用，特别是穆迪和标普的方法最具代表性，而我国对隐含评级方法的应用则相对较少，以中债市场隐含评级为代表。

大数据评级方法主要是利用大数据技术对主体的各维度信息进行挖掘，通过构建综合全面的信用画像对信用风险进行分析。相较于传统信用评级方法，大数据评级方法更侧重于对新模型和新数据的应用，比如社会保险数据、纳税数据、舆情数据、管理层信息、上下游产业数据等另类指标，并采用支持向量机、神经网络、决策树、随机森林等方法建模完成。因此，相比传统评级，大数据评级方法对于非线性数据的处理更加优秀。同时，由于对数据的需求量显著增加，大数据评级方法往往会采用网络数据爬虫、情感分析和语义识别等更高级的网络技术手段实现数据的处理和加工。目前，大数据评级方法在市场上仅停留在初步使用阶段，远未得到广泛应用。

对比不同的评级方法后不难看出，传统信用评级理论是所有评级方法的基础。它整合了企业自身涉及的各项信息，然而由于所需数据的发布频率较低，导致该方法存在一定的滞后性。隐含评级则是在传统信用评级的基础上，加入了市场价格信息，综合反映出市场对受评主体信用风险的判断，与传统信用评级方法相比，时效性大大提升，分析维度更加全面，但对于市场价格信号的过滤和筛选难度很高。信息技术的进步和数理方法的发展为信用评级方法的创新提供了机遇，其中大数据评级方法在挖掘影响受评主体信用风险新因子方面的效果十分突出，其通过非线性数据处理和分析模型，进一步提升了评级结果的准确性。

对于国际三大评级机构来说，由于发展历史较久，资本市场较为发达，已经形成了较为完善的信用评级方法体系，以传统信用评级为基础，隐含评级等多类型评级产品互为补充，改善了传统信用评级难以解决的时效性问题。大数据评级方法通过对另类数据的挖掘和使用，兼顾准确性和及时性的同时，实现了分析维度的扩展。

相比国外，我国信用评级行业的发展时间不长，债券打破刚兑的趋势才刚开始，债券市场、信贷市场的违约数据积累有限，一定程度上制约了评级方法和评级技术的发展。国内的评级方法目前仍普遍基于财务数据进行建模，依靠专家打分形成评级意见，主观因素影响较大，国外先进的评级技术在我国还停留在理论引进的阶段。诚然，由于国情不同，我们不能盲目遵循国外的评级方法，更应根据自身特点，不断夯实信用评级理论、积极研发信用评级技术，形成具有中国特色的信用评级方法，使评级行业的风险预警作用能够得到充分发挥，为投资者信用识别、金融机构风险管理提供有力的技术支持和专业意见，保障金融市场的稳定运行。

第二章　信用评级中的量化研究方法及发展

第一节　层次分析法

层次分析法（Analytic Hierarchy Process，简称 AHP）是美国运筹学家 T. L. Saaty 教授于 20 世纪 70 年代提出的一种决策思维模型化、数量化的实用性方法。该方法通过将与决策有关的元素分解成目标、准则、方案等层次，进行定性和定量分析，并用决策者的经验来判断各个目标的相对重要程度，进一步合理地给出每个决策方案的标准权重，从而有效地应用于那些难以用定量方法解决的问题。

层次分析法是一种能综合定性与定量的决策方法，这种方法不仅能够保证模型的系统性、合理性和有效性，又能充分利用决策人员或专家积累的有价值的经验。该方法于1982年开始被国内关注，因其定性与定量相结合地处理各种决策因素的特点，以及其灵活简洁的优点，迅速地在我国社会经济各个领域内得到了广泛的重视和应用。

层次分析法的基本原理是先分为若干层次，最高层称为目标层，这一层中只有一个元素，就是该问题要达到的目标。中间层为准则层，层中的元素为实现目标所采用的措施、政策或准则等。准则层可以设置不止一层，可以根据问题规模的大小和复杂程度，分为准则层、子准则层等。最低层为方案层，这一层包括了实现目标可供选择的众多方案。简单来说，层次分析法的基本原理是将总目标分为多个子目标，按总目标到各层子目标的逻辑顺序形成自上而下的树状结构，通过指标间两两相对重要性的比较，构造判断矩阵，求得每一层目标对上一层目标的权重向量，最后对所有子目标进行汇总，采用线性加权和的方法逐层回归并获得影响总目标的最终权重，进而得到最低层每个元素对于最高层总目标的影响权重，通过加总底层指标数值与其权重的乘积最终获得总目标的评价值。

运用层次分析法构造系统模型时，大体可以分为以下四个步骤：

第一步：建立层次结构模型。

将决策的目标、考虑的因素（决策准则）和决策对象按它们之间的相互关系分为最高层、中间层和最低层，绘出层次结构图。最高层表示决策的目的、要解决的问题。最低层表示决策时的备选方案。中间层表示考虑的因素、决策的准则。对于相邻的两层，则称高层为目标层，低层为因素层。

以“选择旅游目的地”为例进行说明，层次结构模型如图 2－1 所示。

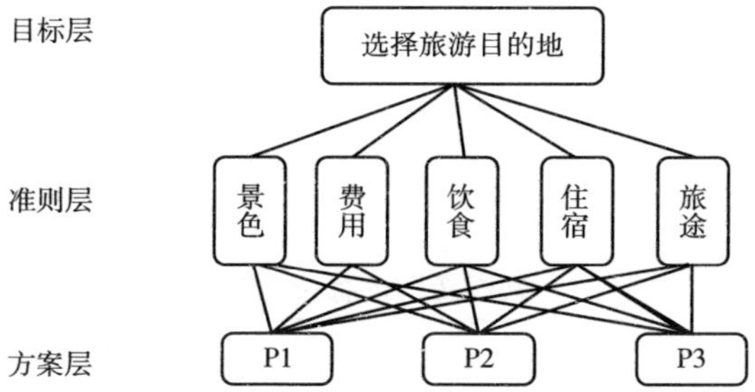

图 2－1 层次结构模型

第二步：构造判断（成对比较）矩阵。

在确定各层次各因素之间的权重时，如果只是定性的结果，则常常会被人质疑，因而 Saaty 等提出“一致矩阵法”，它的核心是不把所有因素放在一起比较，而是两两相互比较，并采用相对尺度，尽可能减少性质不同的各种因素相互比较的困难，以提高模型的准确度。判断矩阵是表示本层所有因素针对上一层某一个因素的重要程度的相对比较结果。

设准则层包含5个准则，C_1：景色；C_2：费用；C_3：饮食；C_4：住宿；C_5：旅途。相对于目标层选择旅游地，进行两两比较打分，比较矩阵为：

$$
\begin{array}{c} \\ A = \end{array}
\begin{array}{c}
\begin{array}{ccccc} C_1 & C_2 & C_3 & C_4 & C_5 \end{array} \\
\begin{bmatrix}
1 & 1/2 & 4 & 3 & 3 \\
2 & 1 & 7 & 5 & 5 \\
1/4 & 1/7 & 1 & 1/2 & 1/3 \\
1/3 & 1/5 & 2 & 1 & 1 \\
1/3 & 1/5 & 3 & 1 & 1
\end{bmatrix}
\end{array}
$$

其中，判断矩阵元素 a_{ij} 的标度方法如表2-1所示：

表2-1　判断矩阵的标度方法

标度	含　义
1	表示两个因素相比，具有同样重要性
3	表示两个因素相比，一个因素比另一个因素稍微重要
5	表示两个因素相比，一个因素比另一个因素明显重要
7	表示两个因素相比，一个因素比另一个因素强烈重要
9	表示两个因素相比，一个因素比另一个因素极端重要
2、4、6、8	上述两个相邻判断的中值
倒数	因素 i 与 j 比较的判断 a_{ij}，则因素 j 与 i 比较的判断 $a_{ji}=1/a_{ij}$

设要比较的各准则 C_1，C_2，…，C_n 对目标 O 的重要性为：C_i：$C_j \Rightarrow a_{ij}$，$A=(a_{ij})_{n\times n}$，$a_{ij}>0$，$a_{ji}=1/a_{ij}$，由矩阵 A 确定 C_1，C_2，…，C_n 对 O 的权向量：$\mathbf{W}=(w_1, w_2, \cdots, w_n)$，令 $a_{ij}=w_i/w_j$，则：

$$A=\begin{bmatrix} \frac{w_1}{w_1} & \cdots & \frac{w_n}{w_1} \\ \vdots & \ddots & \vdots \\ \frac{w_1}{w_n} & \cdots & \frac{w_n}{w_n} \end{bmatrix}$$

满足 $a_{ik}=a_{ij}\times a_{jk}$（$i$，$j$，$k=1$，2，…，$n$）的正互反阵 A 称为一致矩阵。

第三步：层次单排序及其一致性检验。

对应于判断矩阵最大特征根 λ_{max} 的特征向量，经归一化（使向量中各元素之和等于1）后记为 $\boldsymbol{W}$。$\boldsymbol{W}$ 的元素为同一层次因素对于上一层次因素中某因素的相对重要性的排序权值，这一过程就称为层次单排序。能否确认层次单排序，需要进行一致性检验，所谓一致性检验是指对 A 确定不一致的允许范围。

由于 A 连续地依赖于 a_{ij}，则 λ 比 n 大的越多，A 的不一致性越严重。用最大特征值对应的特征向量作为被比较因素对上层某因素影响程度的权向量，其不一致程度越大，引起的判断误差越大。因而可以用 $\lambda-n$ 数值的大小来衡量 A 的不一致程度。

定义一致性指标：

$$CI=\frac{\lambda-n}{n-1}$$

通常认为，$CI=0$，有完全的一致；CI 接近于0，有满意的一致性；CI 越大，则不一致越严重。

为衡量 CI 的大小，引入随机一致性指标 RI。方法为随机构造 500 个成对比较矩阵 A_1，A_2，…，A_{500}，则可得到一致性指标：

$$RI = \frac{CI_1 + CI_2 + \cdots + CI_{500}}{500} = \frac{\frac{\lambda_1 + \lambda_2 + \cdots + \lambda_{500}}{500} - n}{n - 1}$$

Saaty 的随机一致性指标 RI 结果如表 2-2 所示。

表 2-2　　随机一致性指标结果

n	1	2	3	4	5	6	7	8	9	10	11
RI	0	0	0.58	0.90	1.12	1.24	1.32	1.41	1.45	1.49	1.51

定义一致性比率 $CR = CI/RI$，一般来讲，当一致性比率 $CR = CI/RI < 0.1$ 时，认为 A 的不一致程度在允许范围之内，有满意的一致性，通过一致性检验。可用其归一化特征向量作为权向量，否则要重新构造成对比较矩阵 A，对 a_{ij} 加以调整。因此，一致性检验是利用一致性指标和一致性比率及随机一致性指标数值表对 A 进行检验的过程。

具体例子中，“选择旅游目的地”中准则层对目标层的权向量及一致性检验结果为：

最大特征根 $\lambda = 5.073$，权向量（特征向量）$\boldsymbol{w} = (0.263, 0.475, 0.055, 0.090, 0.110)^T$。

一致性指标 $CI = \frac{5.073 - 5}{5 - 1} = 0.018$，随机一致性指标

$RI=1.12$，一致性比率 $CR=0.018\div1.12=0.016<0.1$，即通过一致性检验。

第四步：层次总排序及其一致性检验。

计算某一层次所有因素对于最高层（总目标）相对重要性的权值，称为层次总排序，这一过程是从最高层次到最低层次依次进行的。

A 层 m 个因素，A_1，A_2，…，A_m，对总目标 Z 的排序为 a_1，a_2，…，a_m，B 层 n 个因素对上层 A 中因素为 A_j 的层次单排序为 b_{1j}，b_{2j}，…，b_{nj}（$j=1$，2，…，m）。

B 层的层次总排序为：

B_1：$a_1b_{11}+a_2b_{12}+\cdots+a_mb_{1m}$

B_2：$a_1b_{21}+a_2b_{22}+\cdots+a_mb_{2m}$

…

B_n：$a_1b_{n1}+a_2b_{n2}+\cdots+a_mb_{nm}$

B 层第 i 个因素对总目标的权值为：$\sum_{j=1}^{m}a_j b_{ij}$

所谓一致性是指判断思维的逻辑一致性。如当甲比丙是强烈重要，而乙比丙是稍微重要时，显然甲一定比乙重要，重要性程度是可以传递的。这就是判断思维的逻辑一致性，否则判断就会有矛盾。

设 B_1，B_2，…，B_m，对上层（A 层）中因素 A_j（$j=1$，2，…，m）的层次单排序一致性指标为 CI_j，随机一致性指标为 RI_j，则层次总排序的一致性比率为：

$$CR=\frac{a_1CI_1+a_2CI_2+\cdots+a_mCI_m}{a_1RI_1+a_2RI_2+\cdots+a_mRI_m}$$

当 $CR<0.1$ 时，认为层次总排序通过一致性检验。层次总排序具有满意的一致性，否则需要重新调整那些一致性比率高的判断矩阵的元素取值。至此，可以根据最下层（决策层）的层次总排序做出最后决策。

设准则层对目标层的权向量为 $\boldsymbol{w}^{(2)}=(0.263,\ 0.475,\ 0.055,\ 0.090,\ 0.110)^T$，同理，求方案层对准则层每一个元素的权向量为：

方案层对 C_1（景色）的成对比较矩阵：

$$B_1=\begin{bmatrix}1 & 2 & 5\\ 1/2 & 1 & 2\\ 1/5 & 1/2 & 1\end{bmatrix}$$

方案层对 C_2（费用）的成对比较矩阵：

$$B_2=\begin{bmatrix}1 & 1/3 & 1/8\\ 3 & 1 & 1/3\\ 8 & 3 & 1\end{bmatrix}$$

……

最大特征根：$\lambda_1=3.005$，$\lambda_2=3.002$，…，$\lambda_5=3.000$

权向量：

$\boldsymbol{w}_1^{(3)}=(0.595,0.227,0.129)$，$\boldsymbol{w}_2^{(3)}=(0.082,0.236,0.682)$，$\cdots$，$\boldsymbol{w}_5^{(3)}=(0.166,0.166,0.668)$

组合权向量如表 2－3 所示：

表 2－3　　组合权向量

$w^{(2)}$	0.263	0.475	0.055	0.090	0.110
$w_k^{(3)}$	0.595	0.082	0.429	0.633	0.166
	0.277	0.236	0.429	0.193	0.166
	0.129	0.682	0.142	0.175	0.668
λ_k	3.005	3.002	3.000	3.009	3.000
CI_k	0.003	0.001	0	0.005	0

RI_k、CI_k 均通过一致性检验，方案层对目标的组合权向量为（0.300，0.246，0.456）^{T}。

层次分析法因为过程简单，决策结合定性与定量结果，被广泛应用于债券信用风险的研究。如果把债券评级看作是一项系统工程的决策问题，那么层次分析法作为定性与定量结合的方法可以用来综合评价债券主体的风险。

对于层次分析法，一方面，它的优点较为明确，定性决策定量求解，很好地结合了定性和定量方法，并且过程简单；另一方面，它的缺点较为突出，只能从原有的方案中选出一个具有相对优势的方案，在实践中比较、判断以及计算过程也相对粗糙，并不适用于精度较高的问题。从建立层次结构模型到给出成对比较矩阵的过程中，人的主观因素对整个过程的影响很大。

第二节　主成分分析

主成分分析（Principal Component Analysis，简称 PCA）是一种通过降维技术把多个指标简化为少数几个综合指标的统计分析方法，而这些综合指标能够反映原始指标的绝大部分信息，通常用原始几个指标的线性组合来表示。主成分概念最早是由 Karl Parson 于 1901 年提出的，1933 年 Hotelling 把这个概念推广到随机向量。在实践中，主成分分析既可以单独使用，也可以和其他方法结合使用，发挥降维技术的作用。

主成分分析将具有一定相关性的多个指标重新组合成新的相互独立的综合指标。假设存在 p 个指标，通常数学上的处理方法是将这 p 个指标进行线性组合作为新的综合指标。问题在于这样会产生多种线性组合结果，那么如何进行选择？主成分分析将选取的第一个线性组合即第一个综合指标记为F_1，使它能尽可能多地反映原来指标的信息，Var 可以表征包含的信息量，Var（F_1）越大，意味着 F_1所包含的原指标信息就越多，如果 Var（F_1）最大，称 F_1为第一主成分。如果第一主成分 F_1不足以代表原来 p 个指标的信息，再考虑

选取 F_2，即选择第二个线性组合。为了有效地反映原来的信息，F_1 中已包含的信息不会出现在 F_2 中，即称 F_2 为第二主成分。以此类推，可以得到 p 个主成分。

可以发现，这些主成分之间是互不相关的，且满足方差递减，数据的信息包含在前若干个主成分中，因而只需挑选前几个主成分就基本可以有效反映样本的信息，结果就是既减少了变量的数量，又抓住了主要特征。

主成分分析的数学模型为：

设 F_i 表示第 i 个主成分，$i=1$，2，…，p，可设：

$$\begin{cases} F_1 = c_{11}X_1 + c_{12}X_2 + \cdots + c_{1p}X_p \\ F_2 = c_{21}X_1 + c_{22}X_2 + \cdots + c_{2p}X_p \\ \qquad\qquad \cdots \\ F_p = c_{p1}X_1 + c_{p2}X_2 + \cdots + c_{pp}X_p \end{cases}$$

对于每一个 i，均有 $c_{i1}^2 + c_{i2}^2 + \cdots + c_{ip}^2 = 1$，且（$c_{11}$，$c_{12}$，…，$c_{1p}$）使得 Var（$F_1$）的值达到最大；（$c_{21}$，$c_{22}$，…，$c_{2p}$）不仅垂直于（$c_{11}$，$c_{12}$，…，$c_{1p}$），而且使 Var（$F_2$）的值达到最大；（$c_{31}$，$c_{32}$，…，$c_{3p}$）同时垂直于（$c_{11}$，$c_{12}$，…，$c_{1p}$）和（$c_{21}$，$c_{22}$，…，$c_{2p}$），并使得 Var($F_3$）的值达到最大；依此类推可得到全部 p 个主成分。

主成分分析的性质包括：

性质 1：主成分的协方差矩阵是对角阵。

性质 2：主成分的总方差等于原始变量的总方差。

性质3：主成分 F_k 与原始变量 X_i 的相关系数为 $\rho(F_k, X_i) = \frac{\sqrt{\lambda_k}}{\sqrt{\sigma_{ii}}}c_{ki}$，$c_{ki}$ 称之为因子负荷量（或因子载荷量）。

具体计算步骤为：

第一步：将原始数据 X 进行标准化，得 X^*。

第二步：计算 X^* 的相关系数矩阵 R。

第三步：求相关系数矩阵 R 的特征根 $\lambda_1 \geqslant \lambda_2 \geqslant \cdots \geqslant \lambda_p > 0$ 及相应的单位正交特征向量 U_1，U_2，…，U_p。

第四步：计算方差累积贡献率，确定主成分的个数 q。

第五步：写出主成分 $F = X \times U$，解释其实际经济意义并指导实践。

主成分分析的优点有：第一，主成分分析在对数据做标准化处理过程中，抽象掉各变量的异度量性和各指标的实际经济内涵，使各指标不受计量单位、数量级的影响，能够通过数值的大小进行对比分析和综合。第二，主成分分析通过正交变换寻找主成分，克服了原指标相关性带来的信息重叠问题，避免了直接综合原指标导致被评样本点之间相对位置改变的问题，使判断结果更具有综合性。第三，主成分分析由于消除了指标间的相关关系的影响，使得主成分合成宜采用加权线性和法。第四，主成分分析能够自动生成信息量权数，避免了人为因素的影响，增强权数的可信度，使评价结果真实、可靠、更具科学性。

但在运用主成分分析作综合评价时，还应注意指标的性质。对于适度指标和逆指标，一般地要将两者进行适当的转化，才能使用主成分分析作综合评价。主成分分析很多时候被应用在回归模型中，可以减少多重共线性的问题，优化模型拟合结果。

第三节 因子分析

因子分析（Factor Analysis）和主成分分析都属于简化数据结构的方法。1904 年 Charles Spearman 发表了《对智力测验得分进行统计分析》一文，标志着因子分析方法的产生，因子分析最早用于心理学和教育学方面的研究，之后得到推广，被各个领域广泛应用。

因子分析是一种数据简化的技术，也是一种用来在众多变量中辨别、分析和归结出变量间的相互关系并用简单的变量（因子）来描述这种关系的数据分析方法。因子分析通过利用少数几个潜在变量或公共因子去解释多个显在变量或可观测变量中存在的复杂关系，探求观测数据中的基本结构，并用少数几个假想变量来表示其基本的数据结构，这几个假想变量能够反映原来众多变量的有效信息。因子分析可简化原始变量结构，再现变量之间的内在联系，但可以保留原始变量大部分信息，达到降维的目的。

因子分析涉及几个专有名词，其中，“因子载荷”是因子表达式中各因子的系数值，用来表示公共因子与原始变量间的相关程度，因子载荷的绝对值越大，说明因子对原变量的影响越大；“变量共同度”用公因子方差表示，即公共因子对变量方差解释说明的比例，共同度越接近1，说明公共因子对变量方差的解释力度越大，反映的信息越多；“因子方差贡献率”表示公共因子对各变量的影响，反映因子对原始变量总方差的解释能力，贡献率越大，说明因子对原始变量的解释能力越强，是衡量因子重要性的关键指标。

具体来看，因子分析的数学模型为：

$$
\begin{cases}
X_1 = a_{11}F_1 + a_{12}F_2 + \cdots + a_{1m}F_m + \varepsilon_1 \\
X_2 = a_{21}F_1 + a_{22}F_2 + \cdots + a_{2m}F_m + \varepsilon_2 \\
\cdots \\
X_p = a_{p1}F_1 + a_{p2}F_2 + \cdots + a_{pm}F_m + \varepsilon_p
\end{cases}
$$

其中，F_1，F_2，…，F_m 叫作公共因子，它们是在各个变量中共同出现的因子。ε_1，ε_2，…，ε_p 表示影响 X_i 的独特因子，指原有变量不能被因子变量所解释的部分，相当于回归分析中的残差部分。a_{ij} 叫作因子载荷，它是第 i 个变量在第 j 个主因子上的载荷，它反映了第 i 个变量对第 j 个主因素的相对重要性。X_p 为第 p 个变量的标准化分数，m 为所有变量共同因素的数目。

主成分分析的数学模型实质上是一种变换，而因子分析模型则是用来描述 X 的协方差矩阵 Σ 结构的一种模型，当 $m=p$ 时，不考虑 ε，因子分析也对应一种变量变换。因子分析的出发点是协方差矩阵。

因子分析的具体步骤为：

第一步：数据标准化处理。如果是多指标数据，需要进行标准化处理，以保持指标量纲一致。

第二步：前提条件检验。开展因子分析前，需要对原始变量进行相关性分析，计算样本相关系数矩阵等。

第三步：因子提取及因子载荷求解。因子分析的关键是根据样本数据求解因子载荷矩阵。

第四步：因子旋转。对初始公共因子进行线性组合，找到具有实际意义且更明显的公共因子。

第五步：因子得分。因子得分是因子分析的最终表现。

因子分析和主成分分析两种方法常常被放在一起进行比较，共同点方面，从两者表达的含义上看，主成分分析法和因子分析法都寻求少数的几个变量（或因子）来有效地反映全部变量（或因子）的大部分信息，变量虽然较原始变量减少，但所包含的信息量却能表达大部分原始信息，用这些新变量来分析经济问题，其可信程度依然很高，而且这些新的变量彼此之间是互不相关的，因此，消除了多重共线性的影响，此外，因子分析的过程也涉及了主成分分析的内容。而不同点方面，主成分分析所得到的新变量是原始变量的一种线性组合，因子分析所得到的新变量是对每一个原始变量进行内部分析和分解，分解为公共因子与特殊因子两部分，而不是对原始变量的线性组合。

因子分析在我国债券评级领域属于比较新的方法，因子分析是从数据内部结构出发，可以减少主观因素对评级的影响。大多数因子分析的应用都是通过对企业的基本面因子进行建模，分析各因子对企业财务风险的反映程度并对企业财务进行预警等，来丰富已有评级模型。

第四节　KMV 模型

KMV 于 1993 年提出，是基于 Merton 提出的运用期权定价理论对风险债券和贷款等非交易性信用资产进行观测和估值的模型。该模型运用期权定价思想，通过可观测的公司股市价值来推测公司资产价值以及资产收益的波动性等，据此估计公司的违约概率。KMV 模型适用于上市公司，首先由股票市场公开的数据和信息来确定公司权益的价值，再据此确定公司资产的价值，进而估计违约率。KMV 模型是建立在公司股票价格被正确评估的基础上，如果不能正确评估股票价格或者股票市场处于非正常交易状态时，基于 KMV 模型得出的结论就可能产生较大偏差，这也是 KMV 模型的局限性。

KMV 模型的核心是期权定价公式，由于在 KMV 模型中，股东持有的股权被看作为看涨期权，因此，如果以股权价值替代期权价值，以公司资产价值代替标的资产价值，以公司负债的账面价值代替执行价格，KMV 的数学模型为：

$$V_E = V_A N(d_1) - Be^{-rT}N(d_2)$$

$$\sigma_E V_E = N(d_1)\sigma_A V_A$$

$$d_1 = \frac{\ln\left(\frac{V_A}{B}\right) + \left(r + \frac{\sigma_A^2}{2}\right)\tau}{\sigma_A\sqrt{\tau}}$$

$$d_2 = d_1 - \sigma_A\sqrt{\tau}$$

其中，V_E 为公司股票当前市值，B 为公司债务的账面价值，V_A 为公司资产价值，σ_A 为公司资产价值的波动率，τ 为公司债务期限，r 为无风险利率，$N(\cdot)$ 为标准正态累积分布函数。

具体的计算过程为，首先需要假设公司资产价值服从正态分布，在期权定价模型的基础上，通过以下三步计算公司的违约概率的理论值。

第一步：估计当前公司资产价值及其波动率：

（1）通过股东股权与看涨期权的相似性，依照期权定价公式，建立股权价值的表达式：

$$V_E = V_A N(d_1) - Be^{-rT} N(d_2)$$

$$d_1 = \frac{\ln\left(\frac{V_A}{B}\right) + \left(r + \frac{\sigma_A^2}{2}\right)\tau}{\sigma_A \sqrt{\tau}}$$

$$d_2 = d_1 - \sigma_A \sqrt{\tau}$$

（2）建立企业资产价值波动率与企业股价波动率的函数关系式：

$$\sigma_E V_E = N(d_1) \sigma_A V_A$$

通过联立（1）和（2）中的等式，即可得到公司的资产价值和波动率。

第二步：计算违约距离：

按照 Merton 模型假设，公司的资产价值 V_A 服从几何布朗运动，可以得到：

$$\frac{\mathrm{d}V_t}{V_t} = \mu \mathrm{d}t + \sigma \mathrm{d}Z_t,\ \mathrm{d}Z_t = \varepsilon \sqrt{\mathrm{d}t}$$

$$V_t = V_0 e^{\{(\mu - \frac{\sigma^2}{2})t + \sigma\sqrt{t}\varepsilon\}}$$

$$PB = P(V_\tau < B) = P(V_t e^{\{(\mu - \frac{\sigma^2}{2})\tau + \sigma\sqrt{\tau}\varepsilon\}} < B)$$

$$= P\left(\varepsilon < -\frac{\ln\left(\frac{V_t}{B}\right) + \left(\mu - \frac{\sigma^2}{2}\right)\tau}{\sigma \sqrt{\tau}}\right) = \Phi(-d_2)$$

违约距离 DD 为：$DD=d_2=\dfrac{\ln\left(\dfrac{V_t}{B}\right)+\left(\mu_V-\dfrac{\sigma_V^2}{2}\right)\tau}{\sigma_V\sqrt{\tau}}$。

第三步：利用违约距离推导出预期违约率：

假设公司的资产价值服从几何布朗运动，依据计算出的违约距离 $DD=\dfrac{\ln\left(\dfrac{V_t}{B}\right)+\left(\mu_V-\dfrac{\sigma_V^2}{2}\right)\tau}{\sigma_V\sqrt{\tau}}$代入 $PB=\Phi\ (-d_2)$，可得到预期违约率 $EDF=\Phi(-DD)$。

KMV 在评级中的理论应用源于信用评级与违约率的关系。KMV 模型由股票价格反映公司的盈利前景，股价理论上反映了公司估值和盈利水平，比使用财务数据的传统评级模型更具领先性，股票的交易价格是高频数据，而财务数据每季度公布一次，因此，传统模型对信用风险的预警要滞后于 KMV 模型。KMV 模型比较适合度量企业的信用风险，高频反映信用风险的变化，可操作性很强。

然而，KMV 模型更适用于上市公司主体，如果公司没有上市，对无形资产的估计存在困难，公司价值的变化程度也很难衡量。当公司面临倒闭时，资产的价值可能会因急于脱手等因素而变少，或者是当公司即将违约时，可能会调整负债与资产的分配情况，所以，在具体实践中，还需要弹性考虑财务指标等。

第五节　CreditRisk + 模型

CreditRisk + 模型是 1996 年瑞士信贷银行开发的基于财险精算方法的违约模型。它采用保险精算方法推导出债券、贷款组合的损失分布，只考虑违约或不违约两种状态，同时假定违约率服从随机分布，在此前提下度量预期损失、未预期损失及其变化。该模型是一个计算违约风险概率的统计模型，它在对违约风险进行分析时使用风险暴露的规模、期限以及债务人信用质量等信息，建立了债务人违约事件的概率分布和金融资产分布之间的关系。CreditRisk + 模型有效刻画了信用风险偶发性的特征，同时也直观地给出了贷款违约数量以及组合损失的分布。CreditRisk + 模型由三个模块组成：信用风险管理、资本配置和积极的组合管理。

具体来看，CreditRisk + 模型的基本假设有：

假设 1：每个考查期的期末，债务人只有违约与不违约两种状态。

假设 2：债务组合中违约率是随机的。

假设 3：对于一个债务组合而言，每一笔债务的违约概率均很小，并且相互独立。

在上述假设前提下，CreditRisk + 模型分为三个步骤：

第一步：确定贷款组合违约次数的概率分布。根据以上假设，在一定时间内，贷款组合违约次数的概率分布服从泊松分布：

$$P(n)=\frac{\mu^{n}e^{-\mu}}{n!}$$

其中，$P(1)$ 表示在计算期内所有债务人发生一次违约事件的概率；μ 表示贷款组合在计算期内期望的违约次数，是泊松分布中的唯一参数，可根据过去历史数据求得。

第二步：对贷款组合按照损失严重性的大小进行分组。为了求得整个贷款组合损失分布，CreditRisk + 模型先将贷款组合中每笔贷款损失严重性按大小分组，每一组贷款的损失严重程度近似等于某个数。这样，每组的损失分布将服从泊松分布。

第三步：将组合的损失汇总，得到整个贷款组合的损失概率分布。这样，就可以直接利用 *VaR* 方法求出债务的经济资本。

CreditRisk + 在国外主要被用于计算金融机构的信用风险，目前 CreditRisk + 在我国还处在理论介绍阶段，借鉴国外经验，从对银行贷款信用风险进行度量开始推广较为合适。

从模型自身优势而言，CreditRisk + 模型的数据处理能力较强。因为模型集中于违约分析，因此需要估计的变量很少，只需要违约率、违约波动率和损失的严重性根据组合价值的损失分布函数就可以直接计算组合的预期损失和非预期损失，过程简明。CreditRisk + 模型也有它的缺陷，它有一个隐含假设，假设市场利率水平是不变的，即信用风险和市场风险没有关系，这显然与事实不符。此外，模型假定每一个债务人的债务价值都是固定的而且不会随债务人将来信用质量的变化而变化，因而忽略了信用转移风险。最后，该模型假定各频段的违约率是固定的，忽视了各个频段的违约率会受宏观环境等因素的影响并随时间而发生变化的可能性。因此，CreditRisk + 模型可能需要和其他模型一起应用，才能更好发挥价值。

第六节　蒙特卡洛方法

蒙特卡洛方法（Monte Carlo Method）以概率统计理论为基础，进行大量随机试验，也称为计算机随机模拟方法。20 世纪 40 年代，由于电子计算机的出现，利用计算机可以实现大量的随机抽样的试验，使得用随机试验方法解决实际问题得以发展。蒙特卡洛方法能够比较逼真地描述事物的特点及物理实验过程，弥补纯数值方法无法解决的问题，在模拟数据场景等方面应用十分广泛。

蒙特卡洛方法的基本思想是当问题或对象本身具有概率特征时，可以用计算机模拟的方法产生抽样结果，根据抽样计算统计量或者参数的值，随着模拟次数的增多，可以通过对各次统计量或参数的估计值求平均的方法得到稳定结论。它的理论基础包括大数定律和中心极限定理。

蒙特卡洛方法的具体步骤为：

第一步：根据提出的问题构造一个简单、适用的概率模型或随机模型，使问题的解对应于该模型中随机变量的某些特征（如概率、均值或方差等），所构造的模型在主要特征参数方面要与实际问题或系统要求相一致。

第二步：根据模型中各个随机变量的分布，在计算机上产生随机数，随机数的量要能满足实现一次模拟过程。通常先产生均匀分布的随机数，然后生成服从某一分布的随机数，随后才可以进行随机模拟试验。

第三步：根据概率模型的特点和随机变量的分布特征，设计和选取合适的抽样方法，并对每个随机变量进行抽样（包括直接抽样、分层抽样、相关抽样、重要抽样等）。

第四步：按照所建立的模型进行仿真试验、计算并求出问题的随机解。

第五步：统计分析模拟试验结果，给出问题的概率解以及解的精度估计。

蒙特卡洛方法有四方面优点：一是能够比较逼真地描述具有随机性质的事物的特点及物理实验过程；二是计算过程中的收敛速度与数据维数无关；三是计算误差是概率误差，容易确定；四是方法过程实现较为简单。但是蒙特卡洛方法也有其自身的缺点，就是收敛速度较慢，依赖于时间，一般模拟次数越多越准确。

蒙特卡洛方法是概率统计在风险分析领域的一个最直接应用，根据变量的随机分布特征产生随机值，模拟不同取值下的项目结果。所以，蒙特卡洛方法在银行、房企等现金流的压力测试中应用广泛，也可以模拟不同情境下公司违约率情况。在债券评级中，蒙特卡洛方法可以计算出不同情境下公司违约的概率，也可以通过蒙特卡洛方法模拟的大量结果对比原有评级模型，对模型进行校正和丰富。

第七节　隐含评级

隐含评级是基于证券市场价格对受评证券进行评级的一种评级方法，由穆迪在 2003 年推向市场。该方法认为，二级市场证券价格信息能够反映受评对象的相对信用风险，与传统意义上的基于受评对象基本面的传统评级有所不同。该方法结合了基本面信息和交易信息，引入了二级市场参与者对信用的评价。与传统评级相比，两者各有优势，隐含评级在成熟市场中得到了广泛运用，其中，以穆迪和标普的隐含评级方法为典型，国内目前应用较少，以中债市场隐含评级最具代表性。

国外隐含评级方法发展较为成熟，因此，以穆迪公司隐含债券评级为例，对隐含评级方法进行讲解。穆迪隐含评级的基本逻辑为基于同一交易日、同一期限的各类信用债，如果信用利差越小，则违约风险越低，评级也越高。具体操作步骤为：

第一步：采集债券样本数据。穆迪根据自己的评级样本，按一定标准选取合适的样本，并收集其交易的价格信息，再利用价格信息计算信用利差。

第二步：对不同级别债券分别构造信用利差曲线，并同时构造出该级别信用利差的基准曲线，进而确定各相邻级别的利差分界线。

第三步：根据债券的期限和信用利差与各级别的利差分界线对照，得到债券隐含的市场评级，最后按照一定加权方法得到发行人的隐含评级。

隐含评级方法加入了二级市场交易信息，可以及时反映投资者的预期，并对其进行合理定价，相对于传统评级来说，评级虚高的现象有所改善，而且各等级区分度相对较好，能够反映不同发债主体信用风险的差异，隐含评级可以作为债券预警系统的因子之一，是由于包含交易信息，相对于传统评级能够提前反映。隐含评级利用不同等级间信用利差数据，剔除了期限因素的影响，能更加有效地反映不同等级信用风险的特征。隐含评级的基本前提是市场有效假说，只有市场是有效的，价格才能充分反映所有信息。如果市场有效性降低、交易者情绪有较大波动等，隐含评级的结果就会出现偏差，难以发挥预警的作用。

中债市场隐含评级于 2008 年推出，是在市场价格的基础上，综合发行人的信用评级、企业性质、所属行业、偿债来源、担保情况等因素，反映市场对债券的评级，即由市场进行定价。中债市场隐含评级对信用债评级的区分度很好，接近正态分布，而且覆盖了非公开发行的没有外部评级的债券，包容性更强。自中债市场隐含评级推出至今，中债市场隐含评级发挥了很多独特的作用，例如，由于包含了二级市场的交易信息，市场价格及时反映了交易者的情绪，相对于评级机构具有领先的预警作用，并与评级机构形成了相互校验的关系。隐含评级属于市场交易的产物，因此，交易者还会通过比较债券的隐含评级和评级机构的评级，对存在错误定价的债券进行套利，让债券隐含评级和评级机构评级结果回归合理的均衡水平。

第八节　信用评级量化方法的发展

信用评级方法，无论是传统的方法还是量化的方法，都建立在信用风险和违约风险之间的联系之上，从传统评级方法到创新型量化方法的发展过程可以看作是提高识别信用风险能力的过程，违约事件频发也推动了信用风险量化方法的发展和实践。

相比传统评级方法，量化方法减少了人工主观判断对评级结果的影响。回顾过去 20 年信用风险度量的发展历史，从传统的信用风险分析模型，到结合传统和统计的分析模型，再过渡到现代信用风险量化模型，学者们不断把统计学、运筹学、计量经济学、经济金融理论等引入信用风险度量技术中。信用风险度量的发展趋势体现了从定性到定量、从基本面指标到量化模型，从传统手段到计算机处理的特点。

本章第一至第七节介绍的是现代信用风险的量化方法，同时也是量化方法发展历程中非常具有代表性的方法。其中，层次分析法是对运筹学的引入，该方法结合了定性与定量，把多准则、多层次的决策问题转化成系统化的层层递进的单目标问题，过程简单明确；主成分分析和因子分析都是降维技术，试图通过少量变量表达原数据大部分的有效信息，减少变量，降低了问题的复杂性；KMV 模型基于期权定价公式，以资本市场交易数据为模型的数据基础，能够给出在未来一定时期内，公司贷款的违约概率是多少，是信用风险度量方法的一个重要发展；CreditRisk + 模型引入了保险精算方法，假设违约率满足随机性，在信用周期内波动显著，只考虑违约风险，输入变量较少，是一种经典的违约率模型；蒙特卡洛方法是一种计算机模拟方法，可以根据变量的分布特征产生大量随机值来模拟过程，从而能够模拟不同情境下的违约概率；隐含评级方法是国外评级机构广泛应用的方法，由于引入二级市场交易信息，与传统评级模型相比，可以提前反映市场的预期，让市场对其定价。

除本章介绍的量化方法外，像神经网络、支持向量机（Support Vector Machine，简称 SVM）、聚类分析等也被应用于对信用风险的度量。信用风险度量量化方法从 20 世纪 80 年代后得到了快速发展，但由于我国风险管理体系仍处于发展和完善过程中，评级历史也相对较短，所以，很多国外应用比较多、比较成熟的方法在我国仍处于探索和理论研究阶段。此外，在实际应用中，我们对这些方法也不能全部照搬，应结合我国宏观环境和行业特点等，开发出适合我国国情的信用风险度量模型和评级方法。

第三章　债券信用评级的质量检验

第一节　研究意义和目标

信用评级是为社会提供资信信息、信用风险评价的一类中介服务，可为融资方、投资方以及监管机构提供决策参考。信用评级的本质是客观、及时地揭示受评对象的信用风险程度。然而，近年来，评级行业公信力屡受质疑，究其原因，主要有以下几个方面：

首先，信用评级行业竞争激烈且存在众多潜在进入者。目前，国内信用评级行业形成了以中诚信国际、联合资信、上海新世纪[①]、东方金诚[②]与大公国际为主的寡头垄断竞争格

① 上海新世纪资信评估投资服务有限公司，简称上海新世纪，下同。

② 东方金诚国际信用评估有限公司，简称东方金诚，下同。

局。2019 年年底，《信用评级业管理暂行办法》的出台，标志着评级行业逐渐进入统一监管时代，体现出“宽准入、严监管”的特征。在此环境下，数十家评级机构向监管部门申请业务资格。截至 2020 年 6 月，已有 4 家评级机构完成信用评级机构备案，其中，蚂蚁评估①是唯一一家进入信用评级业务领域的民营企业。此外，中美贸易谈判明确“中国将允许外资金融服务公司提供信用评级服务”，国际信用评级机构标普、惠誉已先后于 2019 年 1 月、2020 年 5 月正式进入中国市场。

其次，作为信用评级行业主要需求方的债券发行人，其对高信用等级的“诉求”强烈且具备较强的议价能力。信用级别直接影响企业融资成本高低，以 2019 年发行的 5 年期公司债为例，AAA 级、AA + 级与 AA 级利率均值水平分别为 4.16%、5.00%与 6.60%，利率水平差异明显，由此带来的融资成本差异使发行人对高信用级别有强烈的“诉求”。同时，由于评级行业存在产品同质化严重、评级机构收入来源单一以及收费固定等现象，评级机构议价能力较弱；相比之下，发行人则具备较强的议价能力。基于此，伴随发行人对信用级别的“诉求”所产生的恶性竞争环境，评级机构在争取客户资源时出现级别竞争，影响行业整体信用级别公信力水平。

最后，信用级别受评级机构内部信评人员判断力与评级

① 蚂蚁信用评估有限公司，简称蚂蚁评估，下同。

方法选择的影响较大。从评级作业流程来看，不同的工作组、工作时间、评审人员组成均会导致评级结论存在差异；从评级内容来看，评级人员与评审人员对宏观、中观、微观层面的主观判断也会影响信评结果。

在此背景下，投资与监管机构作为金融市场的参与者，不断推动评级行业高质量发展。一方面，投资机构倾向于获取准确的信用风险评估结果，以期优化资本配置、定价，实现利润最大化；另一方面，监管机构需要确保金融系统稳定，强调信用评级级别的准确性与稳定性。因此，使用数理统计方法对信用评级质量进行检验存在客观必要性。本章将依次介绍经典非参数统计检验方法、信用评级质量检验方法、不同评价维度使用的统计检验方法、现行检验方法的优势与创新点以及实证案例。

第二节　非参数统计检验

一、统计推断

统计学中的统计推断在经济领域应用广泛，其应用目标是借助样本观测值推断总体情况。统计推断包括参数估计和假设检验，根据是否能够对总体作出假设，又可以分为参数检验与非参数检验。具体来看，参数检验适用于事先可以对总体作一些基本假设的情况，例如总体服从正态分布；非参数检验适用于事先无法对总体作出任何假设或所作假设仅为一般性假设的情况，例如仅假设总体为连续分布。如果在无法对总体事先作出一些基本假设的情况下，应用参数检验，则得到的统计推断结果可信度较低。

相比传统的参数检验，非参数检验具有对总体假设条件要求较少、适用范围更加广泛、易于理解等优点，且可以通过统计软件迅速取得计算结果；另外，当推论数量超过三个时，非参数检验方法表现更优。考虑到在信用评级实践中，无法对信用评级结果的分布提出基本假设，我们选择非参数检验对信用评级质量进行统计推断。

二、常用非参数检验

鉴于非参数检验不受总体分布假设限制，不会产生由于总体分布假设不当而导致的推断错误，因此，我们选用稳健性更好的非参数检验。非参数检验方法的实现步骤为：（1）根据实际问题提出原假设 H_0 和备择假设 H_1；（2）根据假设的特征，选择合适的检验统计量；（3）计算检验统计量的观测值和概率 p 值；（4）根据给定的显著性水平 α 做出决策。

依据待推断样本所属的总体数量及其相关性，非参数检验包括单样本、两独立样本、两相关样本、多独立样本和多相关样本检验。

（一）单样本非参数检验

单样本非参数检验包括卡方检验、二项分布检验、单样本 K－S 检验、Wilcoxon 符号检验以及游程检验。卡方检验、二项分布检验和单样本 K－S 检验属于拟合度型检验，可以用于检验样本是否来源于指定分布总体。Wilcoxon 符号检验和游程检验偏重考察样本数据是否有顺序特征。

（二）两独立样本非参数检验

两独立样本非参数检验包括 Mann－Whitney U 检验、K－S 检验、Moses 极端反应检验和 Wald－Wolfowitz 游程检验。

Mann－Whitney U 检验是目前应用最为广泛的两个独立样本秩和检验法，其基本假设是两样本中心位置存在差异。Mann－Whitney U 检验的原假设 H_0 是假定两个独立样本无显著差异，其检验方法的逻辑是将两组样本数据混合，而后排序，将排序后的值从小到大依次编排序号 $1 \sim n$，然后分别对两组样本的序号进行加总，并记为 T_1 和 T_2，根据 T_1 和 T_2 计算 Mann－Whitney U 检验统计量：

$$U_1 = n_1 n_2 + \frac{n_1(n_1 - 1)}{2} - T_1$$

$$U_2 = n_1 n_2 + \frac{n_2(n_2 - 1)}{2} - T_2$$

其中，n_1 和 n_2 分别为样本 1 和样本 2 的样本容量。

选择 U_1 和 U_2 中较小者作为最终的检验统计量 U。

对于小样本，将检验统计量 U 与 Mann - Whitney U 检验的临界值 U_0 相比较，如果 U 大于 U_0，则接受 H_0，否则应拒绝接受 H_0。对于两样本容量均大于 10 的大样本，Mann - Whitney U 统计量的抽样分布接近正态分布，对应的均值和标准差为：

$$\mu_U = \frac{n_1 n_2}{2}$$

$$\sigma_U = \sqrt{\frac{n_1 n_2(n_1 + n_2 + 1)}{12}}$$

相应的 z 统计量为：

$$z = \frac{U - \mu_U}{\sigma_U}$$

在给定的显著性水平下，可以应用标准正态分布对其进行检验。

K - S 检验（Kolmogorov - Smirnov Test）与 Mann - Whitney U 检验目标一致，都是检验两个独立样本是否存在显著差异。两者统计思想不同，K - S 检验是通过对每个观测样本做累计频数分布，并对分布采用相同间隔的方法。对于每个间隔，将两个阶梯函数相减，取差值最大者。

对于单尾检验，令 $D=\max[F_{n_1}(x)-F_{n_2}(x)]$。

对于双尾检验，令 $D=\max|F_{n_1}(x)-F_{n_2}(x)|$。

其中，$F_{n_1}(x)$ 和 $F_{n_2}(x)$ 分别为两个样本观测累积阶梯函数，如果 D 较小，则可以认为两个样本源自同一个总体，即无差异；如果 D 较大，则可以认为两个样本来自不同的总体。

Moses 极端反应检验（Moses Test of Extreme Reactions）方法适用于实验条件可能导致两种方向不同的极端反应的情况，如经济危机可能使得经济政策保守或激进。该检验分析了对照样本数据的跨度和弥散性。例如，将样本 A 和样本 B 的数据合并在一起，并按照升序排列，若该组数据表现出一定的弥散性，即极高的、极低的和中等的数据都有属于 A 组和 B 组的，则两组数据来自同一总体；相反，若表现相对集中，到达一定程度便可以认为两个样本来自不同的总体。

Wald - Wolfowitz 游程检验（Wald - Wolfowitz Runs Test）的原假设是两个独立的样本来自同一个总体，若两个样本在某些方面如集中趋势、偏度和变异性等存在差异，则可以用该法否定原假设。进行检验时，首先将两个样本的数据合并在一起，升序排列，然后统计游程数目。如果来自同一总体，则游程数目较大；如果游程太小，则两组数据可能来自不同的总体。

（三）两相关样本非参数检验

Wilcoxon 符号秩检验（Wilcoxon Signed Ranks Test）方

法中不仅考虑了配对内差异的方向，还考虑了配对数据的相对大小，因此，它比下文提到的符号检验条件更严苛。Wilcoxon 符号秩检验方法按配对数据评分差的绝对值计算秩，而后用正号标记正的评分差的秩，用负号标记负的评分差的秩。若将正号的秩和负号的秩分别求和后，两个结果近似相等，则表明两个相关样本无差异；若两个结果相差很大，则两个相关样本存在差异。

符号检验（Sign Test）方法适用于难以用定量方式将每一对样本互相分出等级的问题。检验逻辑是首先对两组数据进行配对和评分，假设 N_A 和 N_B 为配对样本内样本 A 和样本 B 的评分，如果 $N_A > N_B$ 的配对数和 $N_B > N_A$ 的配对数相等，则认为两个样本之间不存在差异，相反，则认为两个样本间存在显著差异。

（四）多独立样本非参数检验

中位数检验法检验 k 个独立样本是否来自同一总体，或者来自具有相同中位数的一些总体，检验时需计算统计量 χ^2 值：

$$\chi^2 = \sum_{i=1}^{r} \sum_{j=1}^{k} \frac{(O_{ij} - E_{ij})^2}{E_{ij}}$$

其中，O_{ij} 表示第 j 列第 i 行的个案数，E_{ij} 表示当假设成立时第 j 列第 i 行的个案数。

如果 k 个独立样本来自同一总体，则统计量近似服从自

由度为 $k-1$ 的 χ^2 分布。中位数检验法适合个案具有较多相同等级或数据具有二分特性的案例。

Kruskai – Wallis H 检验（Kruskai – Wallis H Test）方法检验 k 个独立样本是否来自同一总体，若 k 个样本所服从的分布相同，则在样本容量不太小的情况下，统计量 H 服从自由度为 $k-1$ 的 χ^2 分布：

$$H = \frac{12}{N(N+1)}\sum_{j=1}^{k}\frac{R_i^2}{n_j} - 3(N+1)$$

其中，k 为样本数，n_j为第 j 个样本的个案数，N 为所有样本的个案数之和，R_j为第 j 个样本（列）中秩和。

（五）多相关样本非参数检验

Friedman 检验法检验 k 个相关样本是否来自同一总体，检验时，首先建立一个 N 行 k 列的双向表，当统计量近似服从自由度为 $k-1$ 的 χ^2 分布时，认为秩和无显著差异，即 k 个相关样本来自同一总体，否则拒绝零假设。

$$\chi^2 = \frac{12}{Nk(k+1)}\sum_{j=1}^{k} R_j^2 - 3N(k+1)$$

其中，N 为行数，k 为列数，R_j 为第 j 列的秩和。

Kendall 协和系数检验法通过计算协和系数 W 来检验 k 个相关样本是否源自同一总体，k 个相关样本之间的关联程度由系数 W 来衡量：

$$W=\frac{s}{\frac{1}{12}k^2(N^3-N)}$$

其中，s 为秩和与其平均值之差的平方和，k 为秩评定的组数，N 为被评秩的对象数，W 越大，表示各样本的一致程度越高。

Cochran's Q 检验法是将 McNemar 检验推广至两个以上的样本，该方法检验至少三组的频数或者比例之间是否存在显著差异，适用于定性数据和二分数据。若统计量

$$Q=\frac{k(k-1)\sum_{j=1}^{k}(G_j-\overline{G})^2}{K\sum_{i=1}^{N}L_i-\sum_{i=1}^{N}L_i^2}$$

近似服从自由度为 $k-1$ 的 χ^2 分布，则各样本之间无显著差异。其中，G_j 为第 j 列为真的总数；$\overline{G}$ 为 G_j 的平均值，L_i 为第 i 行为真的总数。

第三节　评级质量检验统计方法

一、检验维度

从信用评级结果的评价维度来看，“评级质量检验”强

调对信用级别的准确性、稳定性进行检验。信用级别的准确性是指信用级别能够清楚地区分信用风险，更高级别的信用等级意味着更低的信用风险，相同信用级别的主体具有相同的信用风险水平；信用级别的稳定性是指受评对象的信用级别可以在一定时期内保持相对稳定。

（一）信用级别准确性

评级结果准确性评价主要考察评级级别对信用风险的排序是否精准，能否良好地区分不同的信用风险程度以及同一信用级别内涵的信用风险是否相同。评级结果准确性检验使用以下两种方法：

信用利差检验：信用利差可视为由信用风险带来的风险补偿。一般地，信用风险越高，则信用利差越大。债券信用利差与信用等级间有明确对应关系，即同级别债券信用风险水平相同，则信用利差相近，且级别越高的债券，信用利差越小。因此，不同信用级别债券间的发行利差和交易利差理应存在显著差异。

违约率计算：违约率计算的是在历史某一段时期内实际发生违约的受评主体数量占期初存量样本的比例。按照受评主体的信用级别，可分别计算各信用等级对应的历史违约率。一般来说，信用等级与主体违约率存在负向单调变化关系，即信用等级越高，违约率越低；同时，对于不同考察期时间的长短，短期违约率应低于长期违约率。

（二）信用级别稳定性

评级结果稳定性评价主要考察评级机构为受评主体出具的级别能否在一定时期内保持稳定。虽然评级机构为了能够及时反映受评主体信用风险的变化会对受评主体开展定期或不定期跟踪，但若评级机构调整受评主体信用级别（调升或调降）过于频繁，信用级别准确性以及评级机构的公信力无疑将会受到市场质疑。因此，信用级别稳定性是衡量信用评级质量的另一重要指标，常采用信用级别迁移矩阵来显示一段时间内的级别迁移情况。

二、检验方法

（一）信用利差检验

信用利差包括发行利差和交易利差，发行利差是指债券发行时的票面利率与起息日对应期限的国债到期收益率的差值，交易利差等于债券上市两周内首次交易价格对应的到期收益率减去当日同期限的国债到期收益率。

实际操作中，我们选取非参数检验方法进行利差显著性检验，通过非参数检验中 Mann – Whitney U 检验方法检验两个级别利差之间是否存在差异。Mann – Whitney U 检验的原

假设 H_0 为两组独立样本来自的两总体分布无显著差异，如果拒绝原假设，说明两样本均值显著不同，即两总体之间存在显著性差异。

（二）违约率计算

基于考察角度、考察周期的不同，违约率可以分为边际违约率、累积违约率、平均边际违约率和平均累积违约率。

实际操作中，我们采用平均累积违约率，依据中国银行间市场交易商协会的规定，平均累积违约率计算步骤如下：

计算平均边际违约率。平均边际违约率是指发行人在第 n 年之前均未违约，而在第 n 年中发生违约的平均历史频率，计算公式可表示为：

$$d_{n,R} = \frac{\sum_{y=Y_0}^{Y-n+1} M_{n,R}^{y}}{\sum_{y=Y_0}^{Y-n+1} N_{n,R}^{y}}$$

其中，

$d_{n,R}$：信用级别为 R 的发行人的 n 年平均边际违约率；

$M_{n,R}^{y}$：在 y 年初建立的群组中，信用级别为 R 的发行人在 $y+n-1$ 年中发生违约的个数；发行人发生未能按照募集说明书的约定足额偿付任一债务融资工具、公司债、企业债或境外债券等的本金或利息的情形，即应纳入“违约企业数量”统计；

$N_{n,R}^{y}$：在 y 年初建立的群组中，信用级别为 R 的发行人在 $y+n-1$ 年初仍存续的个数；

计算平均边际生存率。由平均边际违约率 $d_{n,R}$，可以计算得到平均边际生存率 $S_{n,R}$，具体公式为：

$$S_{n,R}=1-d_{n,R}$$

计算平均累积生存率。等级为 R 的发行人在 T 年的平均累积生存率 $S_{T,R}$ 可以由以下公式计算得到：

$$S_{T,R} = \prod_{i=1}^{T} S_{n,R}^{i}$$

计算平均累积违约率。等级为 R 的发行人在 T 年的平均累积违约率 $ND_{T,R}$，计算公式为：

$$ND_{T,R}=1-S_{T,R}$$

（三）迁移矩阵计算

信用等级迁移矩阵反映了期初特定信用等级的发行人在期末维持原等级、调整为其他等级、存续、违约、兑付或终止评级等各类状态的占比。评级机构通过等级迁移矩阵表格的形式披露发行人主体信用级别变化及违约情况，从而实现对信用评级对象信用迁移风险的有效监控。

实际操作中，我们按照中国银行间市场交易商协会2019年下发的《关于信用评级机构年度信息披露和报备事项的通知》中对等级迁移矩阵表格内容要素的定义与要求进行计算。具体过程为：先调取一段时期期初受评主体的信用等级，再比较期初与期末信用等级情况，统计得出这段时间信用等级变动情况，即信用等级转移矩阵。计算方法为：定义 $P_{i,j}(\Delta t)$ 为 Δt 时间区间内信用等级由 i 迁移至 j 的比率。当 $\Delta t=1$ 时，N_i 定义为年初信用级别为 i 的主体数量，$N_{i,j}$ 为年末信用级别由年初级别 i 迁移至 j 的主体数量（年内级别迁移情况不计算在内），迁移率计算公式如下：

$$P_{i,j}(1)=\frac{N_{i,j}}{N_i}$$

第四节　研究优势与创新点

本部分研究的优势与创新点主要表现在以下两个方面：

第一，实证研究方面。本章系统性介绍当前主流的信用评级检验方法，全面展示了我国信用评级质量检验方面的知识体系框架，并通过实证分析展现信用评级质量检验过程中的数据处理方法、描述性统计分析以及结论。同时，本书基于 A 评级机构所评信用评级结果数据，通过统计和计量方法，全面、多角度地对评级结果的准确性（信用利差分析和违约率）与稳定性（迁移矩阵）展开实证分析，探讨A评级机构以及评级行业所评结果质量，为进一步提升评级质量提供依据。

第二，实践应用方面。下一节所述应用案例既符合监管部门对评级机构评级结果质量检验的要求，又根据实际情况，在以债券类型、考察期限等基础性分类维度的基础上，进行评级质量的综合分析。

第五节　应用案例

一、利差分析及显著性检验

本部分利差分析样本为按起息日划定为2020年1—12月市场上发行的满足一定条件的超短期融资券；样本筛选时，剔除有担保和浮动利率债券。相同信用等级的债券因期限结构不同会导致发行利率有所差异，从而影响利差分析的准确性。因此，超短期融资券的发行利差分析选取发行期限为270天的债券作为样本。同时，上述债券交易利差分析样本中剔除了上市两周内无交易的债券。

2020年，银行间市场共有1073家主体发行了4335

只超短期融资券，发行规模45130.65亿元。从主体信用等级上看，信用等级分布在AAA级、AA+级和AA级。其中，AAA级发行规模较高，占发行总规模的比重为83.98%。

从发行利差来看，A评级机构及行业所评AAA级、AA+级、AA级270天超短期融资券的发行利差均呈现出“主体信用等级越高，平均发行利差越小”的特征（见表3-1），主体级别对信用风险的区分度较好，说明一级市场对270天超短期融资券评级结果较为认可。

表3-1　2020年270天超短期融资券发行利率和发行利差

评级机构	主体信用等级	样本数（只）	发行利率（%）		发行利差			
			区间	均值	均值（bp）	级差（bp）	标准差（bp）	变异系数
A评级机构	AAA	10	1.45~3.39	2.35	35.82	—	46.78	1.31
	AA+	22	2.19~6.98	3.62	140.15	104.33	107.79	0.77
	AA	4	2.67~6.00	4.40	229.48	89.33	143.13	0.62
行业	AAA	480	1.25~6.00	2.52	52.68	—	65.14	1.24
	AA+	417	1.75~7.10	3.49	144.18	91.51	110.77	0.77
	AA	213	2.20~7.00	4.15	214.82	70.64	103.11	0.48

从两周内首次交易利差来看，A评级机构所评AAA级、AA+级和AA级的超短期融资券交易利差分别为63.75bp、141.72bp和228.25bp，AAA级和AA+级级别平均交易利差

较行业同级别水平略低，而 AA 级别平均交易利差较行业同级别水平略高。

在 5% 的显著性水平下，A 评级机构 AA 级别的评级样本量少于有效检验数目，故无法进行 AA + 级与 AA 级间的显著性检验。A 评级机构所评 AAA 级与 AA + 级及行业各级别间 270 天超短期融资券评级质量检验结果均显著（见表 3 - 2 和表 3 - 3）。整体来看，一级市场和二级市场对行业 270 天超短期融资券评级结果认可度较高。

表 3 - 2　2020 年 270 天超短期融资券发行利差显著性检验结果

270 天超短期融资券发行利差显著性检验结果			
评级机构	承做只数	AAA 与 AA +	AA + 与 AA
A 评级机构	36	显著	—
行业	1110	显著	显著
270 天超短期融资券发行利差显著性检验数据表（p 值）			
评级机构	承做只数	AAA 与 AA +	AA + 与 AA
A 评级机构	36	0. 000	—
行业	1110	0. 000	0. 000

表 3 - 3　2020 年 270 天超短期融资券交易利差显著性检验结果

270 天超短期融资券交易利差显著性检验结果			
评级机构	承做只数	AAA 与 AA +	AA + 与 AA
A 评级机构	32	显著	—
行业	966	显著	显著

续表

270 天超短期融资券交易利差显著性检验数据表（p 值）			
评级机构	承做只数	AAA 与 AA +	AA + 与 AA
A 评级机构	32	0.017	—
行业	966	0.000	0.000

二、违约率分析

自从 2014 年打破刚性兑付，债券市场经历了违约事件频繁爆发、趋缓到陡增的过程，直观表现为边际违约率在 2016 年达到小峰值，2017 年有所减缓，2018 年达到高峰，此后，违约逐渐常态化。

从违约主体所发债券类型来看，2014—2020 年，A 评级机构所评主体的违约主要发生在非金融企业债务融资工具、企业债、公司债和包括上述类型的全市场非金融企业中；而金融债和结构化产品仍处于零违约状态，信用状况较好；境外主体债由于暂缺数据，故未形成平均累积违约率。从整体来看，A 评级机构所评发行人的平均累积违约率仍处于较低水平。个别券种发行人较高的违约率主要是由于期初存量样本较少的缘故。

从考察期限来看，A 评级机构所评非金融企业债券发行人的平均累积违约率在中短期呈现“期限越长，平均累积违约率越高”的特征；从发行人信用级别来看，A 评级机构所评非金融企业债券发行人的平均累积违约率在较高级别（AA 级及以上）多呈现“发行人主体级别越高，平均累积违约率越低”的特征。受各级别期初发行人存量的影响，5 年期非金融企业债券发行人平均累积违约率变化未呈现单调变化规律（见表 3－4）。

表 3－4　非金融企业债券发行人 2014—2020 年信用等级平均累积违约率

信用等级	1 年期	3 年期	5 年期
AAA	1.39%	2.75%	2.82%
AA+	2.64%	4.91%	2.22%
AA	5.62%	9.89%	6.66%
AA-	19.26%	30.74%	21.05%
A+	48.80%	82.22%	0
A	76.69%	55.56%	100.00%
A-	0	—	0
BBB+	0	0	—
BBB	0	—	—
BBB-	0	—	—
BB+	0	—	—
BB	0	—	—
B	0	—	—
B-	0	—	—
CC	0	—	—

三、等级迁移矩阵分析

（一）债券类型

1. 非金融企业债务融资工具

2019 年年末，A 评级机构所评非金融企业债务融资工具发行人主体级别主要集中在 AAA 级、AA + 级和 AA 级，占比分别为 24. 81%、31. 34% 和 35. 45%，合计占比达到 91. 60%，其中 AA 级别主体占比最多。

截至 2020 年 12 月末，536 家非金融企业债务融资工具发行人中，404 家主体维持原等级，40 家主体级别上调，无主体级别下调，3 家主体发生违约，88 家主体完成兑付，1 家主体终止评级。分级别来看，AA + 级别上调率为 10. 07%，AA 级别上调率为 16. 88%，除 AA + 级和 AA 级主体发生级别迁移外，其他级别主体均未发生级别迁移。A 评级机构所评存续非金融企业债务融资工具主体在各级别的维持率均高于 83%，信用级别较为稳定（见表 3 – 5）。

2. 结构化产品

2019 年年末，A 评级机构所评结构化产品级别主要集中在 AAA 级、AA + 级和 AA 级，占比分别为 60. 74%、27. 61%

表 3-5　非金融企业债务融资工具发行人 1 年期迁移/违约率矩阵

信用等级（2019/12/31）		信用等级（2020/12/31）							期间其他情形（2019/12/31—2020/12/31）			
信用等级	存续评级数量	AAA	AA+	AA	AA-	A+	A	A-	存续	违约	兑付	终止（其他）
AAA	133	100%							90%	1%	9%	
AA+	168	10%	90%						82%	1%	16%	1%
AA	190	1%	16%	83%					81%	1%	18%	
AA-	37				100%				70%		30%	
A+	2					100%			50%		50%	
A	4						100%		75%		25%	
A-	1							100%	100%			
C	1											
合计	536											

和 10.43%，合计占比达到 98.78%，其中 AAA 级别产品占比最多。

截至 2020 年 12 月末，163 只存续结构化产品样本中，86 只样本维持原等级，3 只样本级别上调，2 只级别下调，72 只样本完成兑付，无违约样本，无终止评级样本。分级别看，AAA 级别下调率为 1.89%，AA+ 级别上调率为 7.69%、下调率为 3.85%，AA 级别上调率为 8.33%。A 评级机构所评存续结构化产品样本在各级别的维持率均高于 88%，信用级别稳定性较好（见表 3-6）。

表 3-6 结构化产品 1 年期迁移/违约率矩阵

信用等级 (2019/12/31)		信用等级 (2020/12/31)				期间其他情形 (2019/12/31—2020/12/31)			
信用等级	存续评级数量	AAA	AA+	AA	CC	存续	违约	兑付	终止(其他)
AAA	99	98.11%			1.89%	53.54%		46.46%	
AA+	45	7.69%	88.46%		3.85%	57.78%		42.22%	
AA	17		8.33%	91.67%		70.59%		29.41%	
AA-	1							100%	
BBB-	1							100%	
合计	163								

（二）考察期限

在上述考察期为 1 年期的基础上，延长观测时长至 3 年、5 年和 10 年期。

1. 非金融企业债务融资工具

2017 年年末，A 评级机构所评非金融企业债务融资工具发行人主体级别主要集中在 AAA 级、AA+级和 AA 级，占比分别为 22.46%、27.17% 和 39.86%，合计占比达到 89.49%，其中 AA 级别主体占比最多。

截至 2020 年 12 月末，552 家非金融企业债务融资工具发行人中，192 家主体维持原等级，32 家主体级别上调，2 家主体级别下调，10 家主体发生违约，315 家主体完成兑付，1 家主体终止评级。分级别来看，A 评级机构所评存续非金融企业债务融资工具主体在各级别的维持率均高于 76%，其中 AA + 级别上调率为 19.05%、下调率为 1.59%，AA 级别上调率为 23.81%，除 AA + 级和 AA 级主体发生级别迁移外，其他级别主体均未发生级别迁移（见表 3 – 7）。

表 3 – 7　非金融企业债务融资工具发行人 3 年期迁移/违约率矩阵

信用等级（2017/12/31）		信用等级（2020/12/31）							期间其他情形（2017/12/31—2020/12/31）			
信用等级	存续评级数量	AAA	AA +	AA	AA –	A +	A	A –	存续	违约	兑付	终止（其他）
AAA	124	99%	1%						55%	2%	43%	
AA +	150	19%	79%	2%					42%	3%	55%	
AA	220	1%	23%	76%					37%	2%	60%	1%
AA –	49				100%				20%		80%	
A +	4										100%	
A	3										100%	
A –	1							100%	100%			
BBB +	1										100%	
合计	552											

2015 年年末，A 评级机构所评非金融企业债务融资工具

发行人主体级别主要集中在 AAA 级、AA + 级和 AA 级，占比分别为 17.50%、22.47% 和 37.02%，合计占比达到 76.99%，其中 AA 级别主体占比最多。

截至 2020 年 12 月末，543 家非金融企业债务融资工具发行人中，38 家主体维持原等级，8 家主体级别上调，2 家主体级别下调，13 家主体发生违约，481 家主体完成兑付，1 家主体终止评级。分级别来看，A 评级机构所评存续非金融企业债务融资工具主体在各级别的维持率均高于 52%，其中 AAA 级别下调率为 4.17%，AA + 级别上调率为 41.18%、下调率为 5.88%，AA 级别上调率为 16.67%，A - 级别主体未发生级别迁移（见表 3 - 8）。

表 3 - 8　非金融企业债务融资工具发行人 5 年期迁移/违约率矩阵

信用等级（2015/12/31）		信用等级（2020/12/31）								期间其他情形（2015/12/31—2020/12/31）			
信用等级	存续评级数量	AAA	AA +	AA	AA -	A +	A	A -	BBB +	存续	违约	兑付	终止（其他）
AAA	95	96%	4%							25%	2%	73%	
AA +	122	41%	53%		6%					14%	2%	84%	
AA	201		17%	83%						3%	2%	94%	1%
AA -	88										2%	98%	
A +	16											100%	
A	9										11%	89%	

续表

信用等级（2015/12/31）		信用等级（2020/12/31）								期间其他情形（2015/12/31—2020/12/31）			
信用等级	存续评级数量	AAA	AA+	AA	AA-	A+	A	A-	BBB+	存续	违约	兑付	终止（其他）
A-	4							100%		25%		75%	
BBB+	2											100%	
BBB	3											100%	
BB+	1											100%	
BB	2											100%	
合计	543												

2010年年末，A评级机构所评非金融企业发行人主体级别主要集中在AAA级、AA+、AA级和AA-级，合计占比达90.23%。2020年年末，A评级机构所评存续债券入池的评级主体样本共有133家，其中2家主体发生违约，其余主体均完成兑付，不涉及级别迁移情况（见表3-9）。

2. 结构化产品

2017年年末，A评级机构所评结构化产品级别主要集中在AAA级、AA+级和AA级，占比分别为48.95%、33.89%和15.48%，合计占比达到98.32%，其中AAA级别产品占比最多。

表3-9　非金融企业发行人10年期迁移/违约率矩阵

信用等级（2010/12/31）		信用等级（2020/12/31）					期间其他情形（2010/12/31—2020/12/31）			
信用等级	存续评级数量	AAA	AA+	AA	AA-	A+	存续	违约	兑付	终止（其他）
AAA	29								100%	
AA+	28								100%	
AA	39							3%	97%	
AA-	24							4%	96%	
A+	4								100%	
A	3								100%	
A-	2								100%	
BBB+	2								100%	
BBB	2								100%	
合计	133									

截至2020年12月末，239只存续结构化产品样本中，40只样本维持原等级，2只样本级别上调，1只级别下调，196只样本完成兑付，无违约样本，无终止评级样本。分级别看，A评级机构所评存续结构化产品样本在各级别的维持率均高于90%，其中，AAA级别下调率为8.33%，AA+级别上调率为5.00%，AA级别上调率为9.09%（见表3-10）。

表 3－10　　结构化产品 3 年期迁移/违约率矩阵

信用等级（2017/12/31）		信用等级（2020/12/31）						期间其他情形（2017/12/31—2020/12/31）			
信用等级	存续评级数量	AAA	AA+	AA	AA-	A+	BBB-	存续	违约	兑付	终止（其他）
AAA	117	91.67%	8.33%					10.26%		89.74%	
AA+	81	5.00%	95.00%					24.69%		75.31%	
AA	37		9.09%	90.91%				29.73%		70.27%	
AA-	2									100%	
A+	1									100%	
BBB-	1									100%	
合计	239										

2015 年年末，A 评级机构所评结构化产品级别主要集中在 AAA 级和 AA+级，占比分别为 52.87% 和 36.31%，合计占比达到 89.18%，其中 AAA 级别产品占比最高。

截至 2020 年 12 月末，157 只存续结构化产品样本中，4 只样本维持原等级，1 只样本级别上调，1 只级别下调，151 只样本完成兑付，无违约样本，无终止评级样本。整体来看，结构化产品兑付率极高，达到 96.18%；分级别看，A 评级机构所评存续结构化产品样本在各级别的维持率均高于 50%，其中，AAA 级别下调率为 50%，AA+级别上调率为 50%（见表 3－11）。

表 3－11　　结构化产品 5 年期迁移/违约率矩阵

信用等级（2015/12/31）		信用等级（2020/12/31）					期间其他情形（2015/12/31—2020/12/31）			
信用等级	存续评级数量	AAA	AA＋	AA	A	A－	存续	违约	兑付	终止（其他）
AAA	83	50.00%	50.00%				2.41%		97.59%	
AA＋	57	50.00%	50.00%				3.51%		96.49%	
AA	14			100.00%			14.29%		85.71%	
AA－	2								100%	
A	1								100%	
合计	157									

2010 年年末，A 评级机构所评结构化产品共 3 只，全部为 AAA 级，截至 2020 年 12 月末，均已完成兑付，兑付率为 100%，不涉及等级迁移的情况。

第四章　债券二级市场估值研究

第一节　研究意义和目标

根据市场有效性假说，在法律健全、功能良好、透明度高、竞争充分的市场，一切有价值的信息能够准确、及时、充分地反映在价格走势当中，价格的连续性能够动态地反映不断变化的市场供求关系。价格发现作为金融市场的一个重要经济功能，在债券市场上也发挥着积极作用，债券二级市场的交易价格体现了投资者对债券全部基本面信息的定价，价格的变动进一步反映了主体信用资质变化。以二级市场价格作为研究出发点，在绝大多数情况下，能够更加高效地获取债券及其信用主体的基本面变动情况、市场情绪及预期。

但是，由于债券二级市场相较股票市场的活跃度较低，并非所有的债券每天都发生交易，相对于发债主体信用资质变化，二级市场债券交易价格的变动相对滞后，并不足以及时地反映债券的信用风险是否出现变化，交易信息的有限性很大程度上会限制对债券风险的预判。如果在债券没有交易的时间段，也能实现对债券的精准估值、逐日定价，那么将在投资、风险监测和预警等方面具有重大意义。

从投资角度来看，由于债券在未来有固定的现金流，其估值的变动主要是由于基准利率和发债主体信用资质的变化导致债券贴现率的变动造成的。而伴随着违约常态化的趋势，债券的流动性风险和信用风险能够更好地从信用利差中体现出来，高收益也代表着高风险，这在一定程度上能够给予市场上投资者更多通过估值偏差挖掘信用阿尔法的机会，因此，研究债券估值的意义越来越大。

从风险预警的角度来看，评级公司基于债券估值的结果，能够较为全面、及时地对评级结果进行校验和调整，为跟踪所评存续债券提供风险监测数据支持，并实现对已有客户进行风险监测和预警的功能，有效提升风险管控质量。通过对传统基本面和估值反映的价格信息进行分析，能够帮助投资人对债券发行人的违约风险做出更精准的判断。

估值作为一个重要的切入点与维度，可以进一步应用于不同场景的算法开发。传统评级方面，通过将相同估值区间的债券进行归类、汇总，增加样本分析的维度，为同行业可比公司的选择提供参考。价格指数方面，能够进一步优化行业、区域风险指数的底层指标，提升指数结果的预警能力，提高指数在潜在信用风险揭示方面的精确度与时效性，使得编制信用风险指数的应用意义更加契合实际。

第二节　常见插值方法

债券估值方法的技术难点之一，是找到每一天债券对应剩余期限的国债收益率（即无风险收益率）。由于从官方网站获取的国债收益率仅有关键期限的数据（例如某个日期对应的一年期国债收益率、三年期国债收益率），当对应剩余期限为非关键期限时（例如某个日期对应的2.46年国债收益率），无法获取相关数据，所以需要采用插值方法进行国债到期收益率（YTM）的估值。

插值是指以已知的观测点为基础，建立连续函数，从而使得这条曲线经过全部已知观测点，同时也能通过该连续函数推测出其他点的估计值。数学上，插值的定义可以表示为：已知函数 $y=f(x)$ 定义在区间 $[a, b]$ 上，在已知点 $a \leqslant x_0 < x_1 < x_2 < \cdots < x_n \leqslant b$ 处的值为 y_0，y_1，y_2，…，y_n，如果存在一个函数 $p(x)$ 满足插值条件，即 $p(x_i)=y_i(i=0,$

$1,2,\cdots,n$)，则称 $p(x)$ 为 $f(x)$ 插值函数，x_0，x_1，x_2，…，x_n 称为插值节点，区间 $[a, b]$ 称为插值区间，任意给定的点 x 称为插值点，构造插值函数 $p(x)$ 的方法称为插值方法。常用的插值方法主要有线性插值、多项式插值、样条插值、三阶 Hermite 插值等，以下是对四类常用插值方法的详细介绍。

一、线性插值

线性插值是一种一次多项式的插值过程，具体指的是使用一条连接两个已知量的直线来确定在两个已知量之间的未知量的数值。线性插值用于估计一维数据序列中插值点的左右相邻数据点的值，在插值节点上的插值误差为零。与其他插值方式相比，线性插值具有易操作、易理解的优势。

线性插值的数学定义为：设函数 $y=f(x)$ 在两点 x_0，x_1 上的值为 y_0，y_1，为得到 $[x_0, x_1]$ 区间内某一位置 x 在直线上的值，我们列出以下等式：

$$\frac{y-y_0}{x-x_0}=\frac{y_1-y_0}{x_1-x_0}$$

通过对该等式进行推导，我们得到：

$$y=y_0+(x-x_0)\frac{y_1-y_0}{x_1-x_0}=y_0+\frac{(x-x_0)y_1-(x-x_0)y_0}{x_1-x_0}$$

以上插值多项式以一次多项式的形式呈现，这种插值样式被称为线性插值。线性插值的计算方法简洁易懂，操作方式简便，因此，在实际运用中，能被大众广泛接受。但这种优势所带来的负面影响是，其函数的光滑性略有欠缺，易存在很多角点，原因在于线性插值法一般仅仅依据两点的对应值来推算两点之间的数值，假定点与点之间的运动速度是恒定值，而两点对应值本身往往受到外界各种因素的影响，所以实际当中，线性插值结果误差较大。此外，如果通过线性插值的方法拟合出一条光滑曲线，根据罗尔定理，可以发现拟合的误差随原曲线二阶导数的增大而增大。

二、多项式插值

多项式插值是线性插值的进一步精确拓展，线性插值一般呈线性函数的形式，而多项式插值是通过更高阶的函数来代替原有的插值以达到平滑函数曲线的目的，随着替代项的阶数增加，得到的函数曲线也愈发趋向于光滑。

设函数 $y=f(x)$ 在区间 $[a, b]$ 上有定义，且给出一系列点 x_i 及其对应的函数 $y_i=f(x_i)$ $(i=0, 1, 2, \cdots, n)$。若构建 n 次多项式 $P_n(x)=a_0+a_1x+a_2x^2+\cdots+a_nx^n$ 满足 $P_n(x_i)=y_i$ $(i=0, 1, 2, \cdots, n)$，称 $P_n(x)$ 为 $y_i=f(x_i)$

的 n 阶拉格朗日插值多项式。

定理： 拉格朗日插值多项式存在且唯一，即满足 $P(x_i)=y_i(i=0, 1, 2, \cdots, n)$ 的 n 阶拉格朗日插值多项式是唯一存在的。

证明： 利用 Vandermonde 行列式论证。

$$\begin{cases} y_0 = a_0 + a_1 x_0 + \cdots + a_n x_0^n \\ y_1 = a_0 + a_1 x_1 + \cdots + a_n x_1^n \\ \quad\cdots \\ y_n = a_0 + a_1 x_n + \cdots + a_n x_n^n \end{cases}$$

上式是一个关于 a_0，a_1，$\cdots$，a_n 的 $n+1$ 元线性方程组，其系数行列式为：

$$V_n(x_0, x_1, \cdots, x_n) = \prod_{i=1}^{n}\prod_{j=1}^{i-1}(x_i - x_j)$$

由于 $i \neq j$ 时，$x_i \neq x_j$，因此 $V_n(x_0, x_1, \cdots, x_n) \neq 0$，即方程组有唯一解。

以下通过一个例子更直观地展现拉格朗日插值法的原理和构建过程。假设函数 $y=f(x)$ 在三点 x_1，x_2，x_3 上的值分别为 y_1，y_2，y_3，在这种插值法下，我们认为可以通过三条二次曲线相加来实现，得到 $f(x)$。

具体来看，令第一条曲线 $f_1(x)$，在点 x_1 处取值为 1，其余两点处取值为 0；令第二条曲线 $f_2(x)$，在点 x_2 处取值为 1，其余两点处取值为 0；令第三条曲线 $f_3(x)$，在点 x_3

处取值为1，其余两点处取值为0。

在以上三条曲线的假设下，我们可以合理地得到：

1. $y_1 f_1(x)$ 可以保证，在点 x_1 处取值为 y_1，其余两点处取值为0；

2. $y_2 f_2(x)$ 可以保证，在点 x_2 处取值为 y_2，其余两点处取值为0；

3. $y_3 f_3(x)$ 可以保证，在点 x_3 处取值为 y_3，其余两点处取值为0。

那么，$f(x)=y_1 f_1(x)+y_2 f_2(x)+y_3 f_3(x)$ 可以满足同时穿过（x_1，y_1），（x_2，y_2），（x_3，y_3）三点，这就是拉格朗日插值法的直观思路。

将上述构建过程进一步推广至一般情形。当 $n \geqslant 1$ 时，希望找到 $l_i(x)$（$i=0$，1，…，n），使得：

$$l_i(x_j)=\begin{cases}1, & i=j \\ 0, & i \neq j\end{cases}$$

然后令：

$$L_n(x) = \sum_{i=0}^{n} l_i(x) y_i$$

则显然有 $L_n(x_i)=y_i$。同时，由于每个 $l_i(x)$ 需要有 n 个根 x_0，x_1，…，x_{i-1}，x_{i+1}，…，x_n，则 $l_i(x)$ 可表示为：

$$l_i(x) = C_i(x-x_0)(x-x_1)\cdots(x-x_{i-1})(x-x_{i+1})\cdots(x-x_n) = C_i \prod_{\substack{j \neq i \\ j=0}}^{n} (x-x_j)$$

由于 $l_i(x_i)=1$，将其代入上式中可以解出：

$$C_i = \prod_{\substack{j\neq i\\ j=0}}^{n} \frac{1}{x_i - x_j}$$

进一步可以得到：

$$l_i(x) = \prod_{\substack{j\neq i\\ j=0}}^{n} \frac{x - x_j}{x_i - x_j}$$

称上式 $l_i(x)$ 为拉式基函数，该函数仅与插值节点 x_0，x_1，⋯，x_n 有关，而与被插值函数 $f(x)$ 无关。进一步将 $l_i(x)$ 代入 $L_n(x_i)$ 中可以得到：

$$L_n(x) = \sum_{i=0}^{n} l_i(x)y_i = \sum_{i=0}^{n}\prod_{\substack{j\neq i\\ j=0}}^{n} \frac{x - x_j}{x_i - x_j}y_i$$

称上式 $L_n(x)$ 为 n 次拉格朗日插值多项式。

与简单的单项式插值相比，拉格朗日插值法的公式结构更加规范统一，插值多项式的建立不需要求解方程，在具体操作上具有很强的实用性。然而，拉格朗日插值法的实际计算比较复杂，特别是当插值点增加或减少一个时，需要全部重新计算并修改所有插值函数，工作量较大。

三、样条插值

样条插值是一种分段式的光滑插值，通过在相邻两个节点形成的区间使用低阶多项式来拟合逼近，并保证各区间连接处光滑，这样得到的函数称为样条曲线。插值样条由多个多项式组成，每个多项式由两个相邻的数据点定义，这样可以使任意相邻的多项式及其在连接处是导数连续的。以下是对三次样条插值方法的详细介绍。

样条函数是指在［a，b］上取 $n+1$ 个插值结点 $a=x_0<x_1<\cdots<x_n=b$，已知函数 $f(x)$ 在这 $n+1$ 个点的函数值为 $y_k=f(x_k)$，则在［a，b］上函数 $y=f(x)$ 的 m 次样条插值函数 $S(x)$ 满足：

条件一：$S(x)$ 在（a，b）上直到 $m-1$ 阶导数连续；

条件二：$S(x_k)=y_k(k=0,1,\cdots,n)$；

条件三：在区间 $[x_k,x_{k+1}](k=0,1,\cdots,n-1)$ 上，$S(x)$ 是 m 次多项式。

具体来看，在［a，b］上函数 $y=f(x)$ 的三次样条插值函数 $S(x)$ 满足：

条件一：在（a，b）上 0、1、2 阶导数连续，即：

$S'(x_k-0)=S'(x_k+0),S''(x_k-0)=S''(x_k+0)(k=0,1,\cdots,n-1)$

条件二：$S(x_k)=y_k(k=0,1,\cdots,n)$；

条件三：在区间［x_k，x_{k+1}］（$k=0$，1，⋯，$n-1$）上，$S(x)$ 是三次多项式。

以下对三次样条插值函数的具体计算过程进行推导。设

$S''(x_k)=m_k(k=0,\ 1,\ \cdots,\ n)$，令 $h_k=x_{k+1}-x_k$，因 $S(x)$ 是分段三次多项式，则在每个区间 $[x_k,\ x_{k+1}]$ 内，$S''(x)$ 是分段一次多项式。由两点的拉格朗日插值方法可以得到：

$$S''(x_k)=\frac{x_{k+1}-x}{x_{k+1}-x_k}m_k+\frac{x-x_k}{x_{k+1}-x_k}m_{k+1}=\frac{x_{k+1}-x_k}{h_k}m_k+\frac{x-x_k}{h_k}m_{k+1},$$

$x\in[x_k,\ x_{k+1}]$

将上式在区间 $[x_k,\ x_{k+1}]$ 上积分，可以得到：

$$S'(x)=\frac{(x_{k+1}-x)^2}{2h_k}m_k+\frac{(x-x_k)^2}{2h_k}m_{k+1}+c_1,x\in[x_k,x_{k+1}]$$

将上式在区间 $[x_k,\ x_{k+1}]$ 上再次积分，得到：

$$S(x)=\frac{(x_{k+1}-x)^3}{6h_k}m_k+\frac{(x-x_k)^3}{6h_k}m_{k+1}+c_1x+c_2,$$

$x\in[x_k,x_{k+1}]$

进一步根据已知两点 $S(x_k)=y_k$，$S(x_{k+1})=y_{k+1}$ 来确定两个积分常数 c_1，c_2，故：

$$y_k=S(x_k)=\frac{1}{6}h_k^2m_k+c_1x_k+c_2$$

$$y_{k+1}=S(x_{k+1})=\frac{1}{6}h_k^2m_{k+1}+c_1x_{k+1}+c_2$$

解出积分常数 c_1，c_2：

$$c_1=\frac{y_{k+1}-y_k}{h_k}-\frac{1}{6}h_k(m_{k+1}-m_k)$$

$$c_2=\frac{y_kx_{k+1}-y_{k+1}x_k}{h_k}-\frac{1}{6}h_k(x_{k+1}m_k-x_km_{k+1})$$

将上述解出的积分常数 c_1，c_2 代入得到三次样条插值函数 $S(x)$ 在区间 $[x_k, x_{k+1}]$ 上的表达式：

$$S(x)=\frac{(x_{k+1}-x)^3}{6h_k}m_k+\frac{(x-x_k)^3}{6h_k}m_{k+1}+\left(y_k-\frac{m_k h_k^2}{6}\right)\frac{x_{k+1}-x}{h_k}+\left(y_{k+1}-\frac{m_{k+1}h_k^2}{6}\right)\frac{x-x_k}{h_k}$$

由以上推导过程可知，只要确定 m_k（$k=0, 1, \cdots, n$）这 $n+1$ 个值，就可以确定出三次样条插值函数 $S(x)$。为了确定 m_k（$k=0, 1, \cdots, n$），对 $S(x)$ 求导可以得到：

$$S'(x)=-\frac{(x_{k+1}-x_k)^2}{2h_k}m_k+\frac{(x-x_k)^2}{2h_k}m_{k+1}+\frac{y_{k+1}-y_k}{h_k}-\frac{m_{k+1}-m_k}{6}h_k,\quad x\in[x_k,x_{k+1}]$$

重复以上过程，类似地可以求出 $S(x)$ 在区间 $[x_{k-1}, x_k]$ 上的表达式：

$$S(x)=\frac{(x_k-x)^3}{6\,h_{k-1}}m_{k-1}+\frac{(x-x_{k-1})^3}{6\,h_{k-1}}m_k+\left(y_{k-1}-\frac{m_{k-1}h_{k-1}^2}{6}\right)\frac{x_k-x}{h_{k-1}}+\left(y_k-\frac{m_k h_{k-1}^2}{6}\right)\frac{x-x_{k-1}}{h_{k-1}}$$

对上式的 $S(x)$ 求导可以得到：

$$S'(x)=-\frac{(x_k-x)^2}{2h_{k-1}}m_{k-1}+\frac{(x-x_{k-1})^2}{2h_{k-1}}m_k+\frac{y_k-y_{k-1}}{h_{k-1}}-\frac{m_k-m_{k-1}}{6}h_{k-1},\quad x\in[x_{k-1},x_k]$$

为了求出 m_0，m_1，$\cdots$，m_n，当 $x\in[x_k, x_{k+1}]$ 时，结合

上式可以得到：

$$S'(x_k+0) = -\frac{h_k}{3}m_k - \frac{h_k}{6}m_{k+1} + \frac{y_{k+1}-y_k}{h_k}$$

当 $x \in [x_{k-1}, x_k]$ 时，结合上式可以得到：

$$S'(x_k-0) = \frac{h_{k-1}}{6}m_{k-1} + \frac{h_{k-1}}{3}m_k + \frac{y_k - y_{k-1}}{h_{k-1}}$$

利用 $S(x)$ 在内接点的连续性，满足导数连续的条件 $S'(x_k-0) = S'(x_k+0)$，可以得到：

$$\frac{h_{k-1}}{6}m_{k-1} + \frac{h_{k-1}+h_k}{3}m_k + \frac{h_k}{6}m_{k+1} = \frac{y_{k+1}-y_k}{h_k} - \frac{y_k-y_{k-1}}{h_{k-1}}$$

其中，$k=1, 2, \cdots, n-1$。将上式两边同时乘以 $\frac{6}{h_{k-1}+h_k}$ 得到：

$$\frac{h_{k-1}}{h_{k-1}+h_k}m_{k-1} + 2m_k + \frac{h_k}{h_{k-1}+h_k}m_{k+1} = \frac{6}{h_{k-1}+h_k}\left(\frac{y_k-y_{k-1}}{h_{k-1}} - \frac{y_{k+1}-y_k}{h_k}\right)$$

令

$$\mu_k = \frac{h_{k-1}}{h_{k-1}+h_k}$$

$$\lambda_k = \frac{h_k}{h_{k-1}+h_k}$$

$$d_k = \frac{6}{h_{k-1}+h_k}\left(\frac{y_k-y_{k-1}}{h_{k-1}} - \frac{y_{k+1}-y_k}{h_k}\right) = 6f[x_{k-1}, x_k, x_{k+1}]$$

其中，$f[a, b]$ 表示函数 $f(x)$ 的一阶差商，即：

$$f[a,b] = \frac{f(a)-f(b)}{a-b}$$

类似地，$f[a, b, c]$ 表示函数 $f(x)$ 的二阶差商，即：

$$f[a,b,c]=\frac{f[a,b]-f[b,c]}{a-c}$$

那么三次样条插值函数对应的方程式可简写成：

$$\mu_k m_{k-1}+2m_k+\lambda_k m_{k+1}=d_k (k=1, 2, \cdots, n-1)$$

其中：

$$\mu_k=\frac{h_{k-1}}{h_{k-1}+h_k}, \lambda_k=\frac{h_k}{h_{k-1}+h_k}, d_k=6f[x_{k-1}, x_k, x_{k+1}]$$

即：

$$\begin{cases}\mu_1 m_0+2m_1+\lambda_1 m_2 & =d_1\\ \mu_2 m_1+2m_2+\lambda_2 m_3 & =d_2\\ & \cdots\\ \mu_{n-1}m_{n-2}+2m_{n-1}+\lambda_{n-1}m_n & =d_{n-1}\end{cases}$$

以上是对三次样条函数的推导计算，整体而言，三次样条插值的整体光滑性与多项式相比有所提高，可应用范围广。然而，它的误差评估较为困难，运算成本非常高，求解方程多而繁杂，运行代码冗长，并且它的起始精度受到终点条件的影响较大。与多项式插值相比，样条插值误差同样会小于线性插值，插值更平滑；样条插值比高阶多项式插值更容易计算，且不会受到龙格现象的影响。

四、三阶 Hermite 插值

上述多项式插值的插值条件是每个节点的坐标，尽管以低阶函数分段插值，曲线可以保持稳定（相对平坦），但在各分段曲线的连接处，平滑度较差。多阶 Hermite 插值方法不但规定了各节点的坐标值，还规定了曲线在每个节点的各阶导数，甚至要求更高阶的导数。这意味着插值函数不仅必须具有与节点函数相同的值，而且必须具有与函数相同的一阶、二阶甚至更高阶的导数，以保持曲线的稳定性，并进一步确保连接处足够平滑。

从数学上来看，三阶 Hermite 插值的做法是，在 $[x_k, x_{k+1}]$ 上寻找一个次数不超过 3 的多项式 $H_3(x)$，它满足插值条件：$H_3(x_k)=f(x_k), H_3(x_{k+1})=f(x_{k+1}), H_3'(x_k)=m_k, H_3'(x_{k+1})=m_{k+1}$。

相应的插值基函数为：

$$\begin{cases} \alpha_k(x)=\left(1+2\dfrac{x-x_k}{x_{k+1}-x_k}\right)\left(\dfrac{x-x_{k+1}}{x_k-x_{k+1}}\right)^2 \\ \alpha_{k+1}(x)=\left(1+2\dfrac{x-x_{k+1}}{x_k-x_{k+1}}\right)\left(\dfrac{x-x_k}{x_{k+1}-x_k}\right)^2 \end{cases}$$

$$\begin{cases} \beta_k(x)=(x-x_k)\left(\dfrac{x-x_{k+1}}{x_k-x_{k+1}}\right)^2 \\ \beta_{k+1}(x)=(x-x_{k+1})\left(\dfrac{x-x_k}{x_{k+1}-x_k}\right)^2 \end{cases}$$

于是有 $H_3(x)=a_k(x)f(x_k)+a_{k+1}(x)f(x_{k+1})+m_k\beta_k(x)+m_{k+1}\beta_{k+1}(x)$。

如果函数 ψ 满足条件：

条件一：$\psi \in C^1[a, b]$；

条件二：$\psi(x_k)=f(x_k)$，$\psi'(x_k)=f'(x_k)(k=0,1,2,\cdots,n)$；

条件三：在每个小区间 $[x_{k-1}, x_k]$ $(k=0, 1, 2, \cdots, n)$ 上，ψ 是三次多项式。

则称 ψ 为 f 的分段三阶 Hermite 插值多项式。

根据分段线性插值和三阶 Hermite 插值公式可得到 ψ 的表达式：

$$\psi(x) = \sum_{k=0}^{n}\left[f(x_k)\alpha_k(x) + f'(x_k)\beta_k(x)\right]$$

其中：

$$\alpha_0(x)=\begin{cases}\left(1+2\dfrac{x-x_0}{x_1-x_0}\right)\left(\dfrac{x-x_1}{x_0-x_1}\right)^2, & x\in[x_0,x_1]\\ 0,x\notin[x_0,x_1]\end{cases}$$

$$\alpha_k(x)=\begin{cases}\left(1+2\dfrac{x-x_k}{x_{k-1}-x_k}\right)\left(\dfrac{x-x_{k-1}}{x_k-x_{k-1}}\right)^2, & x\in[x_{k-1},x_k]\\ \left(1+2\dfrac{x-x_k}{x_{k+1}-x_k}\right)\left(\dfrac{x-x_{k+1}}{x_k-x_{k+1}}\right)^2, & x\in[x_k,x_{k+1}]\\ 0,x\notin[x_{k-1},x_{k+1}]\end{cases}$$

$$\alpha_n(x)=\begin{cases}\left(1+2\dfrac{x-x_k}{x_{k-1}-x_k}\right)\left(\dfrac{x-x_{k-1}}{x_k-x_{k-1}}\right)^2, & x\in[x_{n-1},x_n]\\ 0,x\notin[x_{n-1},x_n]\end{cases}$$

$$\beta_0(x)=\begin{cases}(x-x_0)\left(\dfrac{x-x_1}{x_0-x_1}\right)^2, & x\in[x_0,x_1]\\ 0,x\notin[x_0,x_1]\end{cases}$$

$$\beta_k(x)=\begin{cases}(x-x_k)\left(\dfrac{x-x_{k-1}}{x_k-x_{k-1}}\right)^2, & x\in[x_{k-1},x_k]\\ (x-x_k)\left(\dfrac{x-x_{k+1}}{x_k-x_{k+1}}\right)^2, & x\in[x_k,x_{k+1}]\\ 0,x\notin[x_{k-1},x_{k+1}]\end{cases}$$

$$\beta_n(x)=\begin{cases}(x-x_n)\left(\dfrac{x-x_{n-1}}{x_n-x_{n-1}}\right)^2, & x\in[x_{n-1},x_n]\\ 0,x\notin[x_{n-1},x_n]\end{cases}$$

a_k，β_k（$k=0$，1，2，…，n）称为以节点 x_0，x_1，…，x_n 的分段三阶 Hermite 插值基函数，对于给定 n 个插值点 $x_1<x_2<\cdots<x_n$，其相应函数值为 $f(x_k)$，一阶函数值为 $f'(x_k)$，其中 $k=0$，1，2，…，n。

以上是对四种常用插值方法的介绍与理论推导，为了更加直观地观察到四种方法的特点，我们可以通过例子来具体说明。现假设有 11 个观测点（见表 4－1），其中 $y=\sin x$，我们分别通过上述四类方法进行插值。

将数值输入，通过函数得到线性插值、多项式插值、样条插值、三阶 Hermite 插值运算结果，如图 4－1 至图 4－4 所示。

表 4－1　　已知关键点

x	y
－5	0.9589
－4	0.7568
－3	－0.1411
－2	－0.9093
－1	－0.8415
0	0
1	0.8415
2	0.9093
3	0.1411
4	－0.7568
5	－0.9589

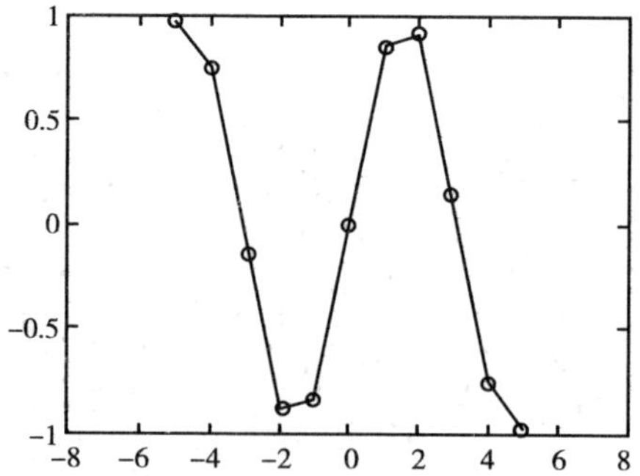

图 4－1　线性插值运算结果展示图

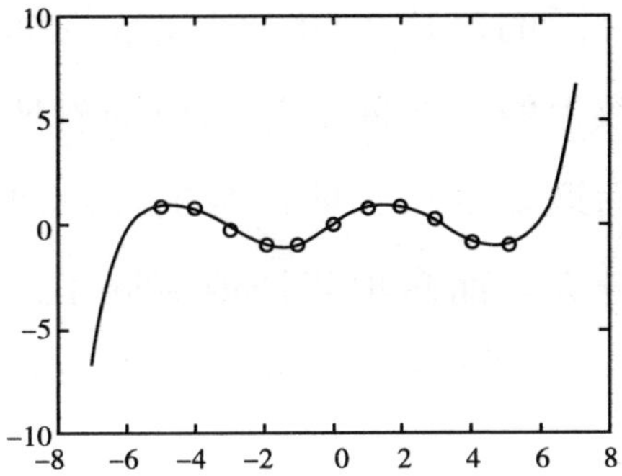

图 4－2　多项式插值运算结果展示图

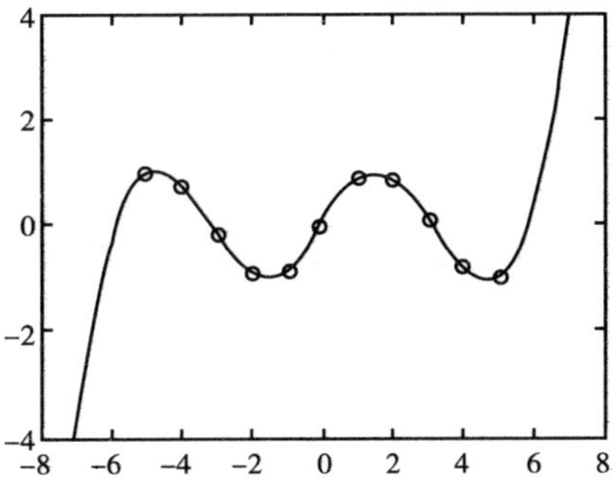

图 4－3　样条插值运算结果展示图

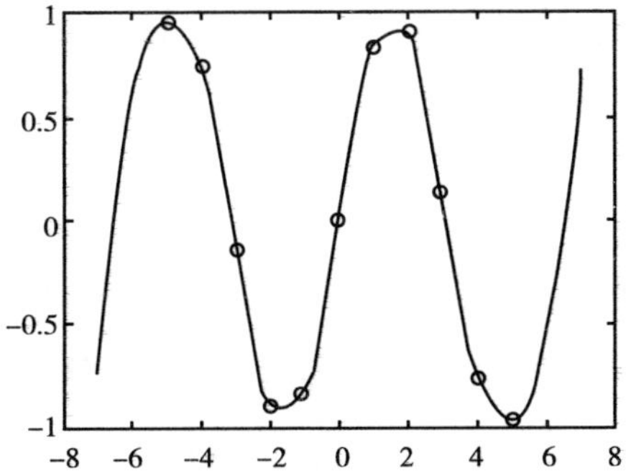

图 4－4　三阶 Hermite 插值运算结果展示图

由四张结果图的对比可知，纵使线性插值计算过程简便，其输出函数上两点之间的近似值随着所近似函数的二阶导数的增大而逐渐变差，即函数的曲率越大，线性插值近似的误差也越大。而多项式插值克服了线性插值中的大部分问题，结构整齐紧凑，甚至不需要求解方程组。但是多项式插值的计算代价是巨大的，极有可能会出现振荡，尤其是在数据的端点处。样条插值法同多项式插值法一样，其误差远小于线性插值，且整体的光滑性提高了许多。此外，样条插值法不会受到龙格现象的影响，比多项式插值法更易评估。但这三类插值法都仅是通过各节点进行插值，而各分段函数之间的衔接无法得到平滑处理。相比而言，三阶 Hermite 插值就很好地解决了上述问题，它通过规定节点及其所处位置的曲线导数，保障了结果曲线的光滑及稳定性。

插值方法是数值分析领域的一个重要部分，选择插值策略的第一步是了解应用的需要：做插值的目的是什么？是否需要反复计算近似值？在有限的条件下，对于表格数据的常规插值，可以采用分段线性插值；若对插值的总体平滑性要求很高，应考虑三次样条插值或三阶 Hermite 插值。此外，构造固定多项式插值可能会是一种简单的解决方案，但如果需要反复计算逼近值时，牛顿多项式插值形式将更加有效。

第三节　几种常见债券估值方法的比较

根据资产定价理论，一项资产的价值应等于其未来全部预期收益的现值。对于债券而言，其理论价值应为债券未来一系列预期现金流的现值之和，包括票息收入和到期偿还的本金。

$$PV=\frac{C}{(1+r)}+\frac{C}{(1+r)^{2}}+\frac{C}{(1+r)^{3}}+\cdots+\frac{C+FV}{(1+r)^{t}}$$

其中：PV 指债券的理论价值；

C 指债券的票息；

FV 指债券的面值；

t 指到期期限；

r 指折现率，即债券到期收益率（YTM）。

从债券定价公式中可以看出，对债券理论价值影响的因素包括票息、到期时需兑付的本金、到期期限以及折现率。在不发生违约的情况下，债券未来的票息、本金及到期期限是确定的，决定债券理论价值的关键在于折现率（即到期收益率）的选择，折现率的不同将导致对该只债券不同的定价。

而在债券的发行期内，债券的折现率会随着宏观环境、信用风险、流动风险的变动而变化。近年来，随着信用阿尔法越来越重要，对于投资者而言，合理的债券估值在投资决策中具有重大意义。当前市场上较为认可且应用广泛的两种估值方法，分别为收盘价法和收益率曲线法，下面我们对这两种方法展开详细的介绍。

一、收盘价法

收盘价法是指通过债券在二级市场上实际成交的价格对债券进行估值，由于交易价格是买方与卖方互相博弈的结果，所以价格能够体现出投资者对此只债券全部基本面信息的定价。一般而言，在计算过程中，我们可以选用交易所最新的收盘价（即最近一次交易当日的收盘价）来进行价值估计。

具体来看，若某只债券当日有成交，则以当日最新成交价作为债券的理论价值。从上述债券定价公式出发，代入票息、到期偿付的本金与到期期限，反向求解债券到期收益率（以下简称 YTM）；而若某只债券当日无成交，则采用此前最近一次的成交价作为债券的理论价值，反向求解债券的 YTM。

收盘价法的优势在于其数据易于获得，只需获取某只债券的最新交易价格（即最近一次交易当日的收盘价）。但是，收盘价法至少存在以下三方面的缺点：（1）对于流动性较差的债券，其收盘价可能与估值日实际公允价值出现较大偏差；（2）在未发生交易期间内，若以此前最近一次成交价作为债券理论价值，反向求解 YTM，则 YTM 的变动将仅受距离到期日时间的变化影响，无法反映该只债券微观层面信用风险的变化；（3）在未发生交易期间内，YTM 不受宏观层面国债收益率（即无风险利率）的变动影响，即无风险收益率的变动不会导致该只债券 YTM 随之变动，这在实际交易中会导致投资者在一定程度上产生误判。

由此看出，当考虑到债券的活跃度和流动性时，收盘价法在实际操作中有较大局限性。其中，对于在银行间市场流动的债券，及时获取收盘价数据有较大的困难，而对于在交易所市场流通的债券而言，虽然能够获取到收盘价数据，但是只有交易频繁、流动性较好的债券才具有研究参考意义。因此，在这种背景下，第三方估值机构可以帮助投资者在一定程度上解决这个问题。当前，市场上较为认可的第三方机构估值有“中债估值”和“中证估值”，其大体的估值方法都为下文讲述的收益率曲线替代法。

二、收益率曲线法

目前市场中主要的第三方估值包括中债估值、中证估值、上清所估值、CFETS 估值、YY 估值等。此类估值机构的估值方法大同小异，其核心逻辑都是收益率曲线替代法，即先收集市场上所有债券的成交价数据，剔除掉异常点后，计算出每一评级级别债券的收益率曲线，然后将债券对应到相同评级级别的收益率曲线上，并对其进行估值。待该只债券真实发生交易后，再根据实际的交易价格调整该只债券的估值。不同机构计算收益率曲线时采用的模型与样本筛选的方法有所不同，故不同机构对同只债券的估值亦不尽相同。

举例来看，“中债估值”是由中央国债登记结算有限责任公司（简称中债登）根据其登记托管的固收类产品的价格信息统计汇总后编制出的不同品种、不同评级的债券收益率曲线，并根据收益率曲线和个券的行业利差、个券利差、成交价格等信息对债券价格作出的估值；同样，“中证估值”是由中证指数有限公司根据托管在中国证券登记结算有限公司的固收类产品的价格信息的统计汇总数据，且参考了托管在中债登的一些债券成交信息后一起编制出不同品种、不同评级的债券收益率曲线，再根据收益率曲线和个券、行业利差、个券利差、成交价格等信息对债券价格作出估值。总体而言，两个估值方法都是用统计模型做出各种债券收益率曲线，再根据成交信息和曲线、利差一起对债券进行估值，而它们的区别主要在于流通市场不同。考虑到银行间市场的债券规模远大于交易所市场，中债估值的统计样本数量会高于中证估值；此外，两者绘制收益率曲线时用的插值法不同，根据其官网估值方法的介绍，我们了解到中债使用的是三阶 Hermite 插值法，而中证使用的是样条插值法，因此从理论角度而言，中证的曲线会比中债更加光滑。

相较于收盘价法，第三方估值采用的收益率曲线替代法将宏观层面无风险收益率的变动考虑在内，无风险利率的变化将直接导致收益率曲线的移动，但是该方法仍存在以下几点缺陷：（1）公允估值的前提需要默认市场给定的债券评级级别准确，而评级机构对债券评级的调整往往十分谨慎，滞后于风险事件的发生；（2）收益率曲线根据市场价格编制，导致估值很难提前于市场价格，从而指导投资；（3）各级别样本量有限，即并未选取市场上所有的债券作为样本进行分析，而是对于债券规模未达到指定要求和当日收益率显著异常的样本进行剔除，这样就造成估值曲线并未反映市场上所有债券的交易价格。

第四节　估值方法的改进

一、国债基准收益率计算

经过研究比较，在构建国债到期收益率曲线时，我们选用了更适合于中国债券市场实际情况的三阶 Hermite 插值方法。该方法同时规定了各节点坐标值以及曲线在每个节点的各阶导数，即不仅要求插值函数在节点处与函数同值，而且要求它与函数有相同的一阶、二阶甚至更高阶导数值，在这些条件下，该方法的光滑性、灵活性较好。

结合 Hermite 插值方法，在实际计算中具体过程如下：

设 $0 \leqslant x_1 < \cdots < x_n \leqslant T$，并已知这些期限对应的到期收益率 (x_i, y_i)，$i = 1, 2, \cdots, n$，求任意 $x_i \leqslant x \leqslant x_{i+1}$ 对应的到期收益率 $y(x)$。采用 Hermite 多项式插值方法，$y(x) = y_i H_1 + y_{i+1} H_2 + d_i H_3 + d_{i+1} H_4$，式中 x_i 为期限，y_i 为到期收益率，d_i 为收益率曲线在 x_i 处的导数：

$$H_1 = 3\left(\frac{x_{i+1} - x}{x_{i+1} - x_i}\right)^2 - 2\left(\frac{x_{i+1} - x}{x_{i+1} - x_i}\right)^3$$

$$H_2 = 3\left(\frac{x - x_i}{x_{i+1} - x_i}\right)^2 - 2\left(\frac{x - x_i}{x_{i+1} - x_i}\right)^3$$

$$H_3 = \frac{(x_{i+1} - x)^2}{x_{i+1} - x_i} - \frac{(x_{i+1} - x)^3}{(x_{i+1} - x_i)^2}$$

$$H_4 = \frac{(x - x_i)^3}{(x_{i+1} - x_i)^2} - \frac{(x - x_i)^2}{x_{i+1} - x_i}$$

二、首日利差追踪估值法

首日利差追踪估值法是假设发债主体的信用风险不变，债券存续期间内的信用风险溢价与发行日相同，债券每日的价格变动仅受宏观因素，即无风险收益率变动的影响。

首日利差追踪估值法下，债券到期收益率的计算公式为：

YTM = 计算日当天个券剩余期限对应的相同剩余期限的国债 YTM + 该债券首日交易利差，即 $YTM_{t_i} = Rf_{t_i, T-t_i} + (YTM_{t_0} - Rf_{t_0, T-t_0})$。

该方法假定债券的风险溢价情况可完全通过“首日交易利差”水平来反映，且风险溢价情况不随时间的变化而改变，个券 YTM 每日的变化仅由期限缩短及对应国债 YTM 的变化造成。因此，在这种假设下，债券的 YTM 估值为某个交易日对应的相同剩余期限的国债 YTM 加上该债券首日交易利差，即将“首日交易利差”作为该只债券确定的风险溢价（见表 4－2）。

表 4－2　　首日利差追踪估值法计算原理

价格	时间	剩余期限	实际 YTM	Rf	风险溢价	理论 YTM
P_0	t_0（发行日）	3.00	YTM_{t_0}	$Rf_{t_0,3}$	$YTM_{t_0} - Rf_{t_0,3}$	YTM_{t_0}
P_1	t_1	2.99	YTM_{t_1}	$Rf_{t_1,2.99}$	$YTM_{t_0} - Rf_{t_0,3}$	$(YTM_{t_0} - Rf_{t_0,3}) + Rf_{t_1,2.99}$
无交易	t_2	2.98	/	$Rf_{t_2,2.98}$	$YTM_{t_0} - Rf_{t_0,3}$	$(YTM_{t_0} - Rf_{t_0,3}) + Rf_{t_2,2.98}$
无交易	t_3	2.97	/	$Rf_{t_3,2.97}$	$YTM_{t_0} - Rf_{t_0,3}$	$(YTM_{t_0} - Rf_{t_0,3}) + Rf_{t_3,2.97}$

三、逐日利差追踪估值法

逐日利差追踪估值法是假设发债主体的信用风险会发生改变，最新交易价格所对应的利差即为债券的信用风险溢价，债券估算的到期收益率为估值当日同期限的无风险国债收益率加上最新交易价格对应的到期收益率计算得到的信用利差。

若未发生交易，理论 YTM = 该交易日对应的相同剩余期限的国债 YTM + 该交易日前（含）最后一次实际发生交易的交易利差：

$YTM_{t_i}=Rf_{t_i,T-t_i}+(YTM_{t_j}-Rf_{t_j,T-t_j})$，满足存在 $j\leqslant i$ 使得 $VOL_j>0$ 且 VOL_{j+1}，…，$VOL_i=0$，其中 VOL_j 表示第 j 天的成交量。

若发生交易，理论 YTM = 该交易日对应的相同剩余期限的国债 YTM + 该交易日前（含）最后一次实际发生交易的交易利差，上述表达式退化到 $j=i$ 的情形，即：

$YTM_{t_i}=Rf_{t_i,T-t_i}+(YTM_{t_j}-Rf_{t_j,T-t_j})=YTM_{t_j}$，即理论 YTM = 实际 YTM

因此，在这种假设下，具体计算方法为：若债券在某个交易日内实际发生交易，则该只债券的 YTM 根据实际交易的收盘价计算得出；若债券在某个交易日内未发生交易，则该只债券的 YTM 为该交易日对应的相同剩余期限的国债 YTM 加前一个实际发生交易的交易利差（见表 4-3）。

表 4-3　　逐日利差追踪估值法计算原理

价格	时间	剩余期限	实际 YTM	Rf	风险溢价	理论 YTM
P_0	t_0（发行日）	3.00	YTM_{t_0}	$Rf_{t_0,3}$	$YTM_{t_0}-Rf_{t_0,3}$	YTM_{t_0}
无交易	t_1	2.99	/	$Rf_{t_1,2.99}$	$YTM_{t_0}-Rf_{t_0,3}$	$(YTM_{t_0}-Rf_{t_0,3})+Rf_{t_1,2.99}$
P_2	t_2	2.98	YTM_{t_2}	$Rf_{t_2,2.98}$	$YTM_{t_2}-Rf_{t_2,2.98}$	YTM_{t_2}
无交易	t_3	2.97	/	$Rf_{t_3,2.97}$	$YTM_{t_2}-Rf_{t_2,2.98}$	$(YTM_{t_2}-Rf_{t_2,2.98})+Rf_{t_3,2.97}$

第五节　研究优势与创新点

违约的常态化带来了很多信用阿尔法的机会，无风险利率的下降也凸显了信用阿尔法的价值，而要挖掘信用阿尔法，对信用债定价就非常关键。2018 年和 2019 年国内债市违约频率大幅上升，机构标签式的一刀切规避行为使得信用利差的分化大幅提高。与此同时，这两年无风险利率和高等级信用利差大幅下降，一定程度上也倒逼投资者向中低等级信用债挖掘板块或个券机会。但高收益也伴随着高风险，因此，如何给风险进行合理定价就非常重要。

当前国内交易所债券一般采用收盘价法，银行间债券一般用估值技术法，即第三方估值常用的收益率曲线替代法。收盘价法可能受制于债券流动性差，使得估值价格与实际公允价格出现较长时间的偏离。估值技术法是对债券及相似债券的成交价、报价等价格信息以及财务等非价格信息进行综合分析后得出对债券公允价值的判断，其准确性有赖于市场本身的有效性（市场是否有连续可靠的价格信息）以及估值方法的科学性。

相比于这两种方法，我们改进得到的逐日利差追踪估值法在一定程度上克服了收盘价法和收益率曲线替代法的缺点，更倾向于从利率的角度设计估值体系。我国利率呈现周期波动的特性，当利率处于历史高位时，未来回落的可能性增加，相应的债券资产价格位于市场底部，反之，当利率处于历史低位时，债券处于高位。另外，利率的高位或者低位也会随着经济环境的不同而发生改变，当经济向好时并且通胀高位，利率有可能继续升高以抑制过度繁荣，反之，当经济下行并且处于通缩，利率可能继续下跌以改善经济发展。

具体来看，改进的估值方法优势主要体现在以下三方面。首先，从技术难度上来看，逐日利差追踪估值法在算法上较为简单，能够直观且迅速地对某只债券进行估值计算；

其次，对于收盘价法而言，在未发生交易期间内，YTM 不受宏观层面国债收益率（即无风险利率）的变动影响，即无风险收益率的变动不会导致该只债券 YTM 随之变动，而逐日利差追踪估值法充分考虑到了无风险利率的变动，通过拟合得到的国债收益率曲线对无风险利率进行取值，进而得到债券的到期收益率；最后，我们通过对收益率替代法的研究，发现各级别样本量有限，即并未选取市场上所有的债券作为样本进行分析，而是把债券规模未达到指定要求和当日收益率显著异常的样本进行剔除，因此，在逐日利差追踪估值法中，我们取全量样本继续研究，使得此种估值方法的结果更具有普适性。

第六节　实证应用

一、各期限国债基准收益率的插值计算结果

在 Wind 数据库终端筛选当日有交易的国债，来拟合国债到期收益率曲线，以获取除实际国债存续剩余期限样本外其他期限对应的国债 YTM。以某个交易日为例，当日有交易的国债信息如图 4 –5 所示。

报价列表　多股同列　综合排名

序号	代码	名称	票息	期限	剩余期限	债券评级	主体评级	特殊条款
1	100037	10附息国债37	4.40%	50.00	38.99	-	-	-
2	100029	10附息国债29	3.82%	20.00	8.78	-	-	-
3	100026	10附息国债26	3.96%	30.00	18.73	-	-	-
4	100023	10附息国债23	3.96%	30.00	18.68	-	-	-
5	100018	10附息国债18	4.03%	30.00	18.58	-	-	-
6	100014	10附息国债14	4.03%	50.00	38.50	-	-	-
7	110023	11附息国债23	4.33%	50.00	39.96	-	-	-
8	100003	10附息国债03	4.08%	30.00	18.27	-	-	-
9	090030	09附息国债30	4.30%	50.00	38.02	-	-	-
10	090025	09附息国债25	4.18%	30.00	17.89	-	-	-
11	090020	09附息国债20	4.00%	20.00	7.76	-	-	-
12	090011	09附息国债11	3.69%	15.00	2.55	-	-	-
13	090005	09附息国债05	4.02%	30.00	17.38	-	-	-
14	090002	09国债02	3.86%	20.00	7.24	-	-	-
15	150021	15附息国债21	3.74%	20.00	13.83	-	-	-
16	180009	18附息国债09	3.17%	5.00	1.40	-	-	-
17	080013	08国债13	4.94%	20.00	6.72	-	-	-

选择板块

沪深核心指数　全部A股　上证主板　深证主板　科创板　创业板　陆股通　港股主板　港股创业板　港股通　精选层(NEEQ)　台湾50成份　SP500成份　美国中国股　国债(银行间)

图 4－5　Wind 终端国债报价列表

在拟合国债到期收益率曲线时，经过对比，我们采用三阶 Hermite 插值法。计算结果如图 4－6 所示，以某个交易日为例，根据国债到期收益率关键期限数据（见表 4－4），可以看出，通过三阶 Hermite 插值法拟合而得到的国债到期收益率曲线较为平滑，效果较好。

表 4－4　　国债到期收益率关键期限数据

期限（y：年）	收益率（%）	期限（y：年）	收益率（%）
0.0y	2.8617	5.0y	3.6569
0.08y	3.057	7.0y	3.7375
0.17y	2.9988	10.0y	3.7357
0.25y	2.9509	15.0y	4.0115
0.5y	3.1153	20.0y	4.0505
0.75y	3.2644	30.0y	4.175
1.0y	3.2831	40.0y	4.214
3.0y	3.5579	50.0y	4.2305

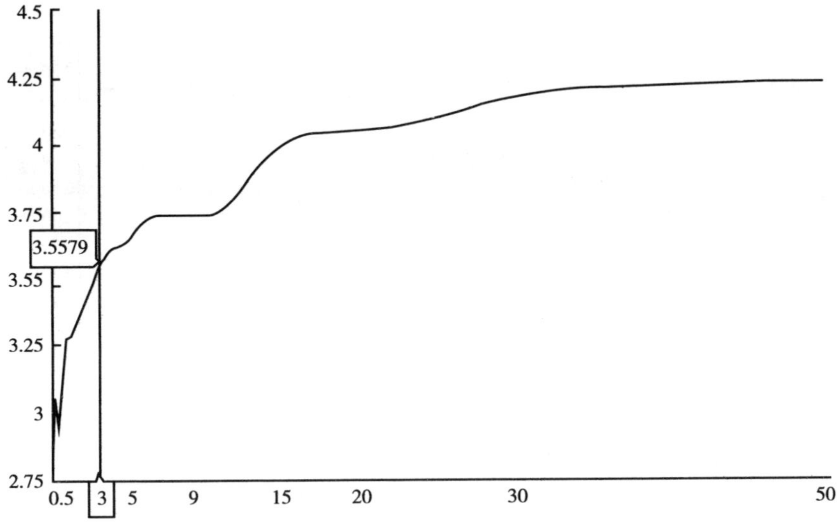

图 4-6 拟合得到的国债到期收益率期限插值

二、债券估值方法改进的结果及对比

（一）三种估值方法结果

以“17 招商蛇口 MTN001”（031780001. IB）为例，通过收盘价法（即 Wind 估算法）、首日利差追踪估值法和逐日利差追踪估值法共三种方法，对该只债券进行估值，估值结果如图 4-7、图 4-8 所示：

通过对比发现，逐日利差追踪估值法与 Wind 估算法拟合程度较好；在实际发生交易的日期，逐日利差追踪估算的 YTM 与实际 YTM 值相等，逐日利差追踪的净价估值与实际

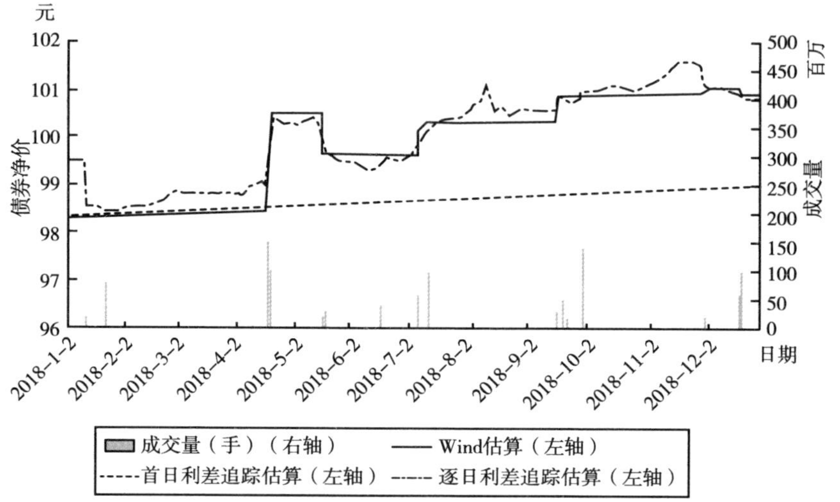

图 4－7　债券估值净价结果

债券收盘价相等；此外，我们发现从趋势来看，逐日利差追踪估算对 Wind 估算的曲线走势有一定的预测作用。

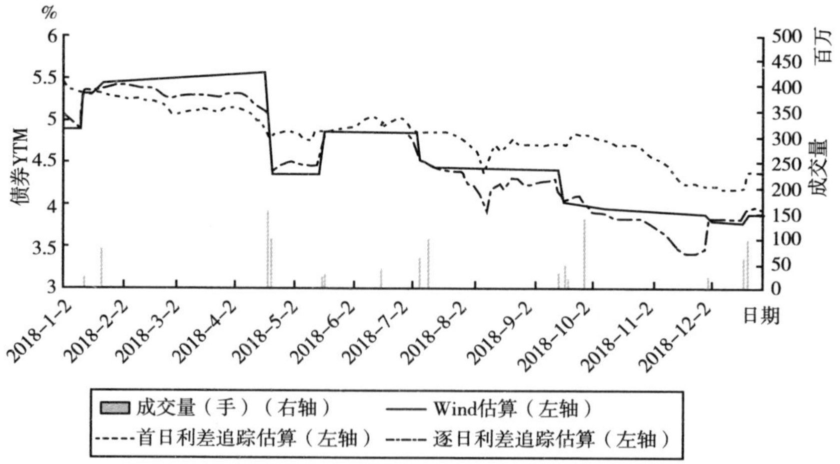

图 4－8　债券 YTM 估值结果

（二）格兰杰因果检验

在上述研究的基础上，为更深入地挖掘三种估值方法对彼此的预测作用，我们采用格兰杰因果检验方法对三种估值结果进行检验。

格兰杰因果检验主要适用于经济变量，以自回归模型为基础，使用过去某些时点上所有信息的最佳最小二乘预测的方差，检验两组具有平稳性的时间序列数据的因果关系。其统计学意义是检验不同变量之间的时间落差相关性，仅适用于计量经济学的变量预测，不能作为检验真正因果性的判断依据。

具体过程如下：

步骤一：对 Y 及其滞后项 Y_{t-1}，Y_{t-2}，…，Y_{t-n} 做回归，得到受约束的残差平方和。

步骤二：对上述的回归式中加入 X 及其滞后项，得到无约束的残差平方和。

步骤三：设立原假设 H_0：X 不是引起 Y 变化的原因，即 X 及其滞后项不属于此回归，并用 F 统计量进行检验。

步骤四：如果在显著性水平 α 下的 F 值超过临界值，则拒绝原假设，表明 X 及其滞后项属于此回归，即 X 是 Y 的原因；相反，为了检验 Y 是否是 X 的原因，可将变量 Y 与 X 相互替换，重复上述步骤。

如果使用时间序列 X 和 Y 的历史值来预测 Y 的当前值，比仅通过 Y 的历史值来预测 Y 的当前值得到的误差更小，并且通过了 F 检验，则 X 对 Y 的预测是有一定帮助的。

在99%的置信水平下，对实际 YTM、首日利差追踪估算所得 YTM 和逐日利差追踪估算所得 YTM 进行因果检验，检验结果如表4-5所示。

表4-5　　　　格兰杰因果检验结果

原因	结果	F 统计量	p 值	最优阶数	结论
实际 YTM1	首日 YTM2	8.1022	0.0048	1	显著
逐日 YTM3	实际 YTM1	5.8474	0.0000	7	显著
逐日 YTM3	首日 YTM2	6.0228	0.0000	7	显著

其中：

实际 YTM1：全部实际交易信息，即收盘价法（Wind 估算法）；

首日 YTM2：仅首日交易信息 + 国债收益率变化信息（即首日利差追踪估值法）；

逐日 YTM3：全部实际交易信息 + 国债收益率变化信息（即逐日利差追踪估值法）。

根据检验结果，可以认为逐日利差追踪估值法下的债券 YTM 对于首日利差追踪估值法和收盘价法（Wind 估算法）下的债券 YTM 走势预测有一定帮助。

第五章　债券信用风险预警模型

第一节　研究意义和目标

近年来，随着我国债券市场规模的不断扩大，违约常态化趋势愈发明显。从 2014 年首只债券打破刚兑至 2020 年年底，我国信用债市场共有 581 只债券违约，涉及 209 家违约主体，累计违约金额 5234.10 亿元，信用风险成为债券市场的重要特征之一。在金融严监管的大环境下，叠加新冠肺炎疫情进一步引发市场动荡，面对当前复杂的市场环境，如何通过预警信号锁定风险债券不仅对于投资者而言至关重要，也对国民经济的平稳运行有着深刻意义。

观察 2014 年以来的违约主体，债券违约前值得关注的风险特征主要体现在财务状况和市场表现两大方面，并具有一定的阶段性特点。其中，财务状况是慢变量，一般表现为现金流的稳定性不足导致企业难以维持资金链运转，从而增加短期偿债能力的压力，并进一步加剧违约风险，可以说，由于经营问题导致的财务危机是企业违约的主要原因。而市场表现则是债券在二级市场上释放的价格信号，一般表现为风险事件引发的超预期信用风波引起的市场担忧，导致估值明显波动，甚至进一步会引发投资者大规模折价抛售，因此，二级市场特征可以理解为企业出现违约风险的直接表现。

然而，当前在进行债券违约风险特征识别时，仍主要集中于上述的财务状况，即主体基本面研究，也就是分析师基于各家发债主体的经营状况、财务状况等基本面数据，结合研究经验对违约风险做出判断。但在实际操作中，基本面研究至少存在如下局限：首先，该方法对发债主体经营状况、财务状况等基本面数据的准确性与及时性要求较高，若不能及时获取准确的公司基本面数据，例如非上市公司披露财报的频率较低或财报审计质量较差等，将严重影响分析师对违约风险的评估结果；此外，由分析师人工分析、监测违约风险，对分析师的经验、精力、人员数量等亦构成挑战，且分析师对债券违约风险的评估结果易受主观因素影响，进一步制约债券风险预警能力的提升。

因此，如果以市场表现作为债券预警研究的出发点，在绝大数情况下，能够更加高效地获取债券及其信用主体的基本面变动情况、市场情绪及预期。基于该观点，我们从改进估值方法入手，以信用风险利差为基础，充分考虑市场宏观因素的变化，形成首日利差追踪估值法和逐日利差追踪估值法，得到相应的债券理论价格。进一步，以上述两种估值方法得到的债券到期收益率（YTM）为基础，得到四类衍生风险预警因子，并将样本债券按照评级正向组（上调与级别稳定）和评级负向组（下调与违约）分成两类，使用 Logistic 回归模型对各类别中的风险预警因子进行权重拟合，从而计算每只债券以及对应的发债主体每天的违约风险概率，并将该概率作为信用风险的动态监测结果，设定风险警戒线，为传统信用基本面研究进行有效补充。

第二节　研究方法

回归分析是一种统计学上分析数据的方法，其结果对于经济关系的估计、经济理论的检验、政府或企业的评级，都有着卓越的参考价值。回归分析的目的在于了解两个或多个变量间是否相关、相关方向及强度，并建立数学模型以便观察、预测特定变量。具体来看，回归分析可以帮助人们了解在只有一个自变量变化时因变量的变化量，通过衡量自变量对于因变量的影响能力，从而预测因变量的发展趋势。回归分析最常见的应用就是对利率、通货膨胀率等经济变量的预测，有助于深入分析经济发展水平。一般来说，回归分析是建立因变量 Y 与自变量 X 之间关系的模型，依据一些假设，我们可以将因变量 Y 表述成由自变量 X 组成的总体回归函数，给出自变量估计因变量的条件期望。当影响因变量的因素是多个时，这种一个变量同时与多个变量的回归问题就是多元回归，分为多元线性回归和多元非线性回归，它们对应的两种常见的预测模型分别为线性回归模型和 Logistic 回归模型，因此，在本章中我们主要对多元线性回归和 Logistic 回归两类模型做详细介绍。

一、多元线性回归

一元线性回归是以一个主要影响因素作为自变量来解释因变量变化的模型，其模型形式简单易懂，但在现实问题研究中，若要将其作为经验性分析的一般性工具还存在着巨大的局限性。因为现实中因变量的变化往往受几个重要因素的影响，此时就需要用两个或两个以上的影响因素作为自变量来解释因变量的变化，即多元回归。多元回归相较于一元回归的优点是，其允许我们明确地控制许多其他也在同时影响着因变量的因素，更适合于在其他条件不变的情况下完成分析，具有相当大的灵活性。当多个自变量与因变量之间是线性关系时，所进行的回归分析就是多元线性回归。

多元回归分析的基本任务包含：第一，利用样本数据对模型参数作出估计；第二，对模型参数进行假设检验；第三，应用回归模型对因变量（被解释变量）作出预测。

在多元线性回归中，我们使用最小二乘法进行参数估计，最小二乘法是通过最小化误差的平方和寻找数据的最佳函数匹配。换言之，利用最小二乘法可以简便地求得未知的数据，选择出能最小化残差平方和的估计值，并使得这些求得的数据与实际数据之间误差的平方和为最小。经济计量模型中最常用的最小二乘法估计方法主要具有三种特征，线性、无偏性和有效性。其中，线性是指估计量是样本观测值的线性函数；无偏性是指参数估计量的期望值等于总体真实参数，即最小二乘估计量是总体参数的无偏估计量；有效性是指估计量与用其他方法求得的估计量比较，其方差最小，即最佳。

以二元线性回归模型为例 ，二元线性回归模型如下：

$$y_i = b_0 + b_1 x_1 + b_2 x_2 + \mu_i$$

使用最小二乘法进行参数估计，得到下式：

$$\sum y = n b_0 + b_1 \sum x_1 + b_2 \sum x_2$$

$$\sum x_1 y = b_0 \sum x_1 + b_1 \sum x_1^2 + b_2 \sum x_1 x_2$$

$$\sum x_2y = b_0\sum x_2 + b_1\sum x_1x_2 + b_2\sum x_2^2$$

求解以上的方程组，即可得到参数估计值。

二、Logistic 回归模型

Logistic 回归是研究因变量为二分类或多分类观察结果时，因变量与自变量之间关系的一种多变量分析方法，属概率型非线性回归，其本质是假设数据服从某个分布，进一步使用极大似然估计作为参数估计的方法。

在债券风险监测中，研究者往往关心风险事件发生时，企业出现违约的概率，以及违约是由哪些因素引起的等问题。利用以往的相关数据找出统计规律来解决这些问题，实质上可以转化为一个多元回归分析问题 $Y=f(\boldsymbol{x})+\varepsilon$，其中，$\boldsymbol{x}=[x_1,x_2,\cdots,x_k]^T$，$\varepsilon$ 为随机变量。

由于因变量 Y 的取值只有两个状态：违约（$Y=1$）和不违约（$Y=0$），因此，直接寻找因变量 Y 和自变量 $\boldsymbol{x}$ 的关系非常困难。于是，可以把研究问题转换一个角度，不去直接分析 Y 和 $\boldsymbol{x}$ 的关系，而是分析条件概率 $P\{Y=1|\boldsymbol{x}\}$ 和 $\boldsymbol{x}$ 的关系，这等价于寻找一个取值在 0 到 1 之间的连续函数 $p(\boldsymbol{x})=P\{Y=1|\boldsymbol{x}\}$。

数学上满足这种条件的函数存在且不唯一，Logistic 回归就是满足这种要求的函数之一。与线性回归分析类似，Logistic 回归基本原理就是利用一组观测数据拟合一个 Logistic 模型，然后借助此模型来揭示总体中若干个自变量与因变量取值的概率之间的依存关系，并评估用这一模型模拟相关事物变化规律的准确性，换言之，通过使用线性回归模型中的预测值，逼近分类任务真实标记的对数概率。

设因变量 Y 是一个取值为 1 和 0 的二值变量，$\boldsymbol{x}=[x_1, x_2, \cdots, x_k]^T$ 是影响 Y 的 k 个因素，回归系数 $\boldsymbol{\beta}=[\beta_0, \beta_1, \cdots, \beta_k]^T$，则 Y 关于 $\boldsymbol{x}$ 的 k 元 Logistic 回归模型定义为：

$$
\begin{aligned}
p(\boldsymbol{x}) &= P\{Y=1 \mid \boldsymbol{x}\} \\
&= \frac{\exp(\beta_0+\beta_1 x_1+\beta_2 x_2+\cdots+\beta_k x_k)}{1+\exp(\beta_0+\beta_1 x_1+\beta_2 x_2+\cdots+\beta_k x_k)} \\
&= \frac{\exp([1, \boldsymbol{x}^T]\boldsymbol{\beta})}{1+\exp([1, \boldsymbol{x}^T]\boldsymbol{\beta})}
\end{aligned}
$$

由上式推导可得到：$P\{Y=0 \mid \boldsymbol{x}\} = \dfrac{1}{1+\exp([1, \boldsymbol{x}^T]\boldsymbol{\beta})}$。

三、Logistic 回归的参数估计方法

Logistic 回归模型的参数估计常采用最大似然估计。其基本思想是先建立似然函数与对数似然函数，求出使对数似然函数最大时的参数值，其估计值即为最大似然估计值。

假设从总体（Y，$\boldsymbol{x}$）中抽取一个容量为 n_1+n_2 的随机

样本 $(1, \boldsymbol{x}_1)$，$(1, \boldsymbol{x}_2)$，…，$(1, \boldsymbol{x}_{n_1})$，$(0, \boldsymbol{x}_{n_1+1})$，$(0, \boldsymbol{x}_{n_1+2})$，…，$(0, \boldsymbol{x}_{n_1+n_2})$，其中，$\boldsymbol{x}_i = (x_{i1}, x_{i2}, \cdots, x_{ik})$ $(i=1, 2, \cdots, n_1+n_2)$，则有似然函数为：

$$\begin{aligned}
L(\boldsymbol{\beta}) &= \prod_{i=1}^{n_1} P\{Y=1|\boldsymbol{x}_i\} \prod_{i=n_1+1}^{n_1+n_2} P\{Y=0|\boldsymbol{x}_i\} \\
&= \prod_{i=1}^{n_1} \frac{\exp(\beta_0+\beta_1 x_{i1}+\beta_2 x_{i2}+\cdots+\beta_k x_{ik})}{1+\exp(\beta_0+\beta_1 x_{i1}+\beta_2 x_{i2}+\cdots+\beta_k x_{ik})} \cdot \\
&\quad \prod_{i=n_1+1}^{n_1+n_2} \frac{1}{1+\exp(\beta_0+\beta_1 x_{i1}+\beta_2 x_{i2}+\cdots+\beta_k x_{ik})} \\
&= \prod_{i=1}^{n_1} \frac{\exp([1,\boldsymbol{x}_i^T]\boldsymbol{\beta})}{1+\exp([1,\boldsymbol{x}_i^T]\boldsymbol{\beta})} \prod_{i=n_1+1}^{n_1+n_2} \frac{1}{1+\exp([1,\boldsymbol{x}_i^T]\boldsymbol{\beta})}
\end{aligned}$$

两边取对数，整理可得：

$$\begin{aligned}
\ln L(\boldsymbol{\beta}) &= \sum_{i=1}^{n_1} (\beta_0+\beta_1 x_{i1}+\beta_2 x_{i2}+\cdots+\beta_k x_{ik}) - \sum_{i=1}^{n_1+n_2} \ln[1 \\
&\quad + \exp(\beta_0+\beta_1 x_{i1}+\beta_2 x_{i2}+\cdots+\beta_k x_{ik})]
\end{aligned}$$

写成向量形式为：

$$\ln L(\boldsymbol{\beta}) = \sum_{i=1}^{n_1} [1,\boldsymbol{x}_i^T]\boldsymbol{\beta} - \sum_{i=1}^{n_1+n_2} \ln[1+\exp([1,\boldsymbol{x}_i^T]\boldsymbol{\beta})]$$

为求上式的驻点，可求对数似然函数 $\ln L(\boldsymbol{\beta})$ 关于 $\boldsymbol{\beta}$ 的似然方程组为：

$$
\begin{cases}
\dfrac{\partial \ln L(\boldsymbol{\beta})}{\partial \beta_0} = n_1 - \displaystyle\sum_{i=1}^{n_1+n_2} \dfrac{\exp(\beta_0 + \beta_1 x_{i1} + \cdots + \beta_k x_{ik})}{1 + \exp(\beta_0 + \beta_1 x_{i1} + \cdots + \beta_k x_{ik})} \\
\qquad = n_1 - \displaystyle\sum_{i=1}^{n_1+n_2} \dfrac{1}{1 + \exp(-\beta_0 - \beta_1 x_{i1} - \cdots - \beta_k x_{ik})} \\
\qquad = 0 \\
\dfrac{\partial \ln L(\boldsymbol{\beta})}{\partial \beta_1} = \displaystyle\sum_{i=1}^{n_1} x_{i1} - \sum_{i=1}^{n_1+n_2} \dfrac{x_{i1}\exp(\beta_0 + \beta_1 x_{i1} + \cdots + \beta_k x_{ik})}{1 + \exp(\beta_0 + \beta_1 x_{i1} + \cdots + \beta_k x_{ik})} \\
\qquad = \displaystyle\sum_{i=1}^{n_1} x_{i1} - \sum_{i=1}^{n_1+n_2} \dfrac{x_{i1}}{1 + \exp(-\beta_0 - \beta_1 x_{i1} - \cdots - \beta_k x_{ik})} \\
\qquad = 0 \\
\qquad \cdots \\
\dfrac{\partial \ln L(\boldsymbol{\beta})}{\partial \beta_k} = \displaystyle\sum_{i=1}^{n_1} x_{ik} - \sum_{i=1}^{n_1+n_2} \dfrac{x_{ik}\exp(\beta_0 + \beta_1 x_{i1} + \cdots + \beta_k x_{ik})}{1 + \exp(\beta_0 + \beta_1 x_{i1} + \cdots + \beta_k x_{ik})} \\
\qquad = \displaystyle\sum_{i=1}^{n_1} x_{ik} - \sum_{i=1}^{n_1+n_2} \dfrac{x_{ik}}{1 + \exp(-\beta_0 - \beta_1 x_{i1} - \cdots - \beta_k x_{ik})} \\
\qquad = 0
\end{cases}
$$

写成向量形式为：

$$
\begin{cases}
\dfrac{\partial \ln L(\boldsymbol{\beta})}{\partial \beta_0} = n_1 - \displaystyle\sum_{i=1}^{n_1+n_2} \dfrac{1}{1 + \exp(-\boldsymbol{x}_i\boldsymbol{\beta})} = 0 \\
\dfrac{\partial \ln L(\boldsymbol{\beta})}{\partial \beta_1} = \displaystyle\sum_{i=1}^{n_1} x_{i1} - \sum_{i=1}^{n_1+n_2} \dfrac{x_{i1}}{1 + \exp(-\boldsymbol{x}_i\boldsymbol{\beta})} = 0 \\
\qquad \cdots \\
\dfrac{\partial \ln L(\boldsymbol{\beta})}{\partial \beta_k} = \displaystyle\sum_{i=1}^{n_1} x_{ik} - \sum_{i=1}^{n_1+n_2} \dfrac{x_{ik}}{1 + \exp(-\boldsymbol{x}_i\boldsymbol{\beta})} = 0
\end{cases}
$$

上式为非线性方程组，一般情况下没有解析解，可以用

Newton－Raphson 迭代方法求其数值解，令：

$$F(\boldsymbol{\beta})=\begin{bmatrix} n_1-\sum_{i=1}^{n_1+n_2}\dfrac{1}{1+\exp(-\beta_0-\sum_{j=1}^{k}\beta_j x_{ij})} \\ \sum_{i=1}^{n_1}x_{i1}-\sum_{i=1}^{n_1+n_2}\dfrac{x_{i1}}{1+\exp(-\beta_0-\sum_{j=1}^{k}\beta_j x_{ij})} \\ \cdots \\ \sum_{i=1}^{n_1}x_{ik}-\sum_{i=1}^{n_1+n_2}\dfrac{x_{ik}}{1+\exp(-\beta_0-\sum_{j=1}^{k}\beta_j x_{ij})} \end{bmatrix}$$

$$=\begin{bmatrix} n_1-\sum_{i=1}^{n_1+n_2}\dfrac{1}{1+\exp(-\boldsymbol{x}_i\boldsymbol{\beta})} \\ \sum_{i=1}^{n_1}x_{i1}-\sum_{i=1}^{n_1+n_2}\dfrac{x_{i1}}{1+\exp(-\boldsymbol{x}_i\boldsymbol{\beta})} \\ \cdots \\ \sum_{i=1}^{n_1}x_{ik}-\sum_{i=1}^{n_1+n_2}\dfrac{x_{ik}}{1+\exp(-\boldsymbol{x}_i\boldsymbol{\beta})} \end{bmatrix}$$

$$=0$$

则 $F(\boldsymbol{\beta})$ 关于 $\boldsymbol{\beta}$ 的 Jacobian 矩阵为：

$$J(\beta)=\begin{bmatrix} -\sum\limits_{i=1}^{n_1+n_2}\dfrac{\exp(-\beta_0-\sum\limits_{j=1}^{k}\beta_j x_{ij})}{[1+\exp(-\beta_0-\sum\limits_{j=1}^{k}\beta_j x_{ij})]^2} & -\sum\limits_{i=1}^{n_1+n_2}\dfrac{x_{i1}\exp(-\beta_0-\sum\limits_{j=1}^{k}\beta_j x_{ij})}{[1+\exp(-\beta_0-\sum\limits_{j=1}^{k}\beta_j x_{ij})]^2} & \cdots & -\sum\limits_{i=1}^{n_1+n_2}\dfrac{x_{ik}\exp(-\beta_0-\sum\limits_{j=1}^{k}\beta_j x_{ij})}{[1+\exp(-\beta_0-\sum\limits_{j=1}^{k}\beta_j x_{ij})]^2} \\ -\sum\limits_{i=1}^{n_1+n_2}\dfrac{x_{i1}\exp(-\beta_0-\sum\limits_{j=1}^{k}\beta_j x_{ij})}{[1+\exp(-\beta_0-\sum\limits_{j=1}^{k}\beta_j x_{ij})]^2} & -\sum\limits_{i=1}^{n_1+n_2}\dfrac{x_{i1}^{\ 2}\exp(-\beta_0-\sum\limits_{j=1}^{k}\beta_j x_{ij})}{[1+\exp(-\beta_0-\sum\limits_{j=1}^{k}\beta_j x_{ij})]^2} & \cdots & -\sum\limits_{i=1}^{n_1+n_2}\dfrac{x_{i1}\ x_{ik}\exp(-\beta_0-\sum\limits_{j=1}^{k}\beta_j x_{ij})}{[1+\exp(-\beta_0-\sum\limits_{j=1}^{k}\beta_j x_{ij})]^2} \\ \cdots & \cdots & \ddots & \cdots \\ -\sum\limits_{i=1}^{n_1+n_2}\dfrac{x_{ik}\exp(-\beta_0-\sum\limits_{j=1}^{k}\beta_j x_{ij})}{[1+\exp(-\beta_0-\sum\limits_{j=1}^{k}\beta_j x_{ij})]^2} & -\sum\limits_{i=1}^{n_1+n_2}\dfrac{x_{ik}\ x_{i1}\exp(-\beta_0-\sum\limits_{j=1}^{k}\beta_j x_{ij})}{[1+\exp(-\beta_0-\sum\limits_{j=1}^{k}\beta_j x_{ij})]^2} & \cdots & -\sum\limits_{i=1}^{n_1+n_2}\dfrac{x_{ik}^{\ 2}\exp(-\beta_0-\sum\limits_{j=1}^{k}\beta_j x_{ij})}{[1+\exp(-\beta_0-\sum\limits_{j=1}^{k}\beta_j x_{ij})]^2} \end{bmatrix}$$

$$=\begin{bmatrix} -\sum\limits_{i=1}^{n_1+n_2}\dfrac{\exp(-\boldsymbol{x}_i\boldsymbol{\beta})}{[1+\exp(-\boldsymbol{x}_i\boldsymbol{\beta})]^2} & -\sum\limits_{i=1}^{n_1+n_2}\dfrac{x_{i1}\exp(-\boldsymbol{x}_i\boldsymbol{\beta})}{[1+\exp(-\boldsymbol{x}_i\boldsymbol{\beta})]^2} & \cdots & -\sum\limits_{i=1}^{n_1+n_2}\dfrac{x_{ik}\exp(-\boldsymbol{x}_i\boldsymbol{\beta})}{[1+\exp(-\boldsymbol{x}_i\boldsymbol{\beta})]^2} \\ -\sum\limits_{i=1}^{n_1+n_2}\dfrac{x_{i1}\exp(-\boldsymbol{x}_i\boldsymbol{\beta})}{[1+\exp(-\boldsymbol{x}_i\boldsymbol{\beta}]^2} & -\sum\limits_{i=1}^{n_1+n_2}\dfrac{x_{i1}^{\ 2}\exp(-\boldsymbol{x}_i\boldsymbol{\beta})}{[1+\exp(-\boldsymbol{x}_i\boldsymbol{\beta})]^2} & \cdots & -\sum\limits_{i=1}^{n_1+n_2}\dfrac{x_{i1}\ x_{ik}\exp(-\boldsymbol{x}_i\boldsymbol{\beta})}{[1+\exp(-\boldsymbol{x}_i\boldsymbol{\beta})]^2} \\ \cdots & \cdots & \ddots & \cdots \\ -\sum\limits_{i=1}^{n_1+n_2}\dfrac{x_{ik}\exp(-\boldsymbol{x}_i\boldsymbol{\beta})}{[1+\exp(-\boldsymbol{x}_i\boldsymbol{\beta})]^2} & -\sum\limits_{i=1}^{n_1+n_2}\dfrac{x_{ik}\ x_{i1}\exp(-\boldsymbol{x}_i\boldsymbol{\beta})}{[1+\exp(-\boldsymbol{x}_i\boldsymbol{\beta})]^2} & \cdots & -\sum\limits_{i=1}^{n_1+n_2}\dfrac{x_{ik}^{\ 2}\exp(-\boldsymbol{x}_i\boldsymbol{\beta})}{[1+\exp(-\boldsymbol{x}_i\boldsymbol{\beta})]^2} \end{bmatrix}$$

向量形式为：

$$J(\boldsymbol{\beta}) = -\sum_{i=1}^{n_1+n_2} \frac{\exp(-\boldsymbol{x}_i\boldsymbol{\beta})}{[1+\exp(-\boldsymbol{x}_i\boldsymbol{\beta})]^2}\begin{bmatrix}1\\ \boldsymbol{x}_i^T\end{bmatrix}[1 \quad \boldsymbol{x}_i]$$

根据 Newton - Raphson 方法的原理，可得参数$\boldsymbol{\beta}$迭代公式为：

$\boldsymbol{\beta}^{(n+1)}=\boldsymbol{\beta}^{(n)}-[J(\boldsymbol{\beta}^{(n)})]^{-1}F(\boldsymbol{\beta}^{(n)})$，$n=0$，1，2，…。

算法如下：

步骤一：给定参数$\boldsymbol{\beta}$的初值参数$\boldsymbol{\beta}^{(0)}$和误差允许精度ε，令$n=0$；

步骤二：计算$\boldsymbol{\beta}^{(n+1)}=\boldsymbol{\beta}^{(n)}-[J(\boldsymbol{\beta}^{(n)})]^{-1}F(\boldsymbol{\beta}^{(n)})$，$n=0$，1，2，…；

步骤三：若$\|[J(\boldsymbol{\beta}^{(n)})]^{-1}F(\boldsymbol{\beta}^{(n)})\|<\varepsilon$或$\|F(\boldsymbol{\beta}^{(n)})\|<\varepsilon$，即满足允许的精度，则结束，否则更新参数$\boldsymbol{\beta}^{(n)}=\boldsymbol{\beta}^{(n+1)}$，$n=n+1$，转至步骤二。

根据上面的算法，可以求出参数的最大似然估计。

四、基于 Logistic 回归的信用风险预警模型

Logistic 回归属于概率型的非线性回归，二分类的 Logistic 回归，因变量（Y）只有“是”“否”两个取值，记为1和0。本研究以估值方法得到的债券理论到期收益率为基础，从纵向维度和横向维度上构建了累积风险因子、边际风

险因子、相对风险因子和变动风险因子共计四类违约预警因子，并对单个因子的预警效力进行检验，挖掘不同因子对级别调整和市场情绪的预测效果。

进一步，将因变量（Y）分为“评级正向（上调与级别稳定）样本”与“评级负向（下调与违约）样本”，从而保证两组的样本量较大，且区分度较高，使用 Logistic 回归模型对两个分组下所有样本的四个因子进行权重拟合，从而根据模型结果，能够判断某只债券属于某种情况的概率有多大。

当前，我国债券市场规模不断扩张，债券品种趋于多样化发展，但是在国家经济结构性调整、金融严监管的大背景下，新冠肺炎疫情进一步引发市场动荡，债券市场信用风险愈加难以把控，具体表现为违约主体所属行业分散、企业性质多样、违约债券种类广泛，因此，在债券违约常态化的大趋势下，通过预警信号及时锁定风险主体意义深远。然而，当前识别债券违约风险特征的主要方法仍集中于企业的基本面研究，该研究受财务数据的更新频率影响，若想要实现对发债主体每日的跟踪监测存在较大困难，在债券预警方面具有一定的滞后性。在此背景下，本章基于 Logistic 回归构建的债券信用风险预警模型具有重要意义，从模型构建层面来看，本模型在准确性、时效性以及结果稳定性等方面均显著提升了债券信用风险监测的有效性，对违约债券的识别能力较强，且预警效果较为理想。

第三节 研究优势与创新点

纵观当前市面上多家企业的预警产品，我们发现，以企业预警通、DM、Wind 债券预警板块等为代表的预警产品，均以全方位的企业周边数据挖掘为产品卖点，向投资者展现企业工商信息、财务信息、诚信档案、司法诉讼、评级记录、公司舆情等多维信息，但是存在以下两大方面问题：

第一，预警信息碎片化。市面上现有预警产品均以预警信息罗列为主，即企业一旦出现风险舆情信息，例如负面新闻、估值异动、财务风险等，产品能够做到预警信息实时推送。但在实际中，舆情数量庞大，可利用率不高，较难提取与违约相关的关键规则，对于用户而言，在使用过程中也会遇到两类不便：一是预警信号过多，难以捕捉有用的信号；二是预警信号未做量化处理，无法判断某条舆情信息对于该企业违约的影响有多大。

第二，估值异动衡量标准单一化。当前市面上现有预警产品，在判断价格异动时均以中债估值为衡量标准，而中债估值的核心逻辑是通过收益率曲线进行替代，但是收益率曲线替代法本质上存在以下几点缺陷：一是公允估值的前提需要默认市场给定的债券评级级别准确，而评级机构对债券评级的调整往往十分谨慎，滞后于风险事件的发生；二是收益率曲线根据市场价格编制，导致估值很难提前于市场价格，从而指导投资；三是各级别样本量有限，即并未选取市场上所有的债券作为样本进行分析，这样就造成估值曲线并未反映市场上所有债券的交易价格。

针对上述两大问题，债券信用风险预警模型均做了不同程度的改进。

首先，在预警信息碎片化处理上，我们通过量化方法将债券的交易信息归纳整理为四类风险因子，并通过 Logistic 回归将其纳入一个模型。该预警模型结果的含义为，每只债券以及对应的发债主体每天发生级别下调事件的预警概率，也就是说，通过该模型，能够定量分析负面舆情对企业发生违约事件的影响程度。

其次，在估值异动衡量标准上，我们提出两种改进的估值方法，首日利差追踪估值法和逐日利差追踪估值法，均是从个券的信用风险利差入手，并充分考虑市场宏观因素（即国债基准收益率）的变化，在一定程度上解决了以上估值方法所面临的问题。进一步，我们以改进的估值方法为基础，衍生出横向维度下的两类风险因子，并将其嵌入模型，增强模型的解释性。

此外，基于 Logistic 回归构建的债券信用风险预警模型在因子创新方面也做了深入研究：因子构建上，纳入交易利差、成交量、市场估值等要素共同挖掘债券潜在风险；因子维度上，风险因子的选取涵盖个券纵向（时间序列）与横向（横截面）风险评价指标，全面且综合地反映债券信用风险变动情况；因子计算方式上，债券信用风险预警模型不仅考虑了短期内指标增量的异常波动，更关注到长期内指标累积量的异常变化。

研究意义上，在具体实践方面，对投资者而言，通过模型得出的主体风险概率有利于帮助投资者提前预测风险，规避债券违约所造成的巨额损失，同时，在不同风险阈值下形成的风险关注清单或列表也能够为其提供决策依据，满足投资者对有投资意向或已持仓债券的风险监测需求；对监管部门而言，采用预警模型有助于在源头上加强监管，通过设置企业风险预警红线，提前发现企业违约征兆并及时棒喝，将在一定程度上减少违约增量，阻碍违约风险蔓延，降低违约处置的司法成本，并进一步有效防范市场系统性风险。

第四节　实证应用

按以下步骤，选取 2018 年 1 月 1 日至 12 月 31 日时间区间内有交易记录的所有中期票据：

1. 剔除含有担保的债项；

2. 剔除浮动利率、累进利率，仅选取固定利率且一年付息一次的债项；

3. 剔除2018年内已兑付和新发行的债券（仅保留起息日在2018年1月1日之前且到期日在2018年12月31日之后的债券）；

4. 剔除成交量为零但存在YTM数据的债项（Wind估算法）和YTM为空值、负值的债项，作为生成计算逐日估值法时的实际交易对标日数据。

通过以上几步，得到2018年全部有交易、可逐日对标、固定票息、年度付息、剔除担保的中票样本，共计2481只中票，对应1191个发债主体，从中提取实际发生交易的数据，共计33106条数据作为所有因子的样本数据。

一、信用风险预警因子的计算

在上述债券估值方法的基础上，通过对估值因子进行差分等计算处理，衍生得到四类风险预警因子，从纵向维度上看，分为累积风险因子和边际风险因子；从横向维度上看，分为相对风险因子和变动风险因子，如图5－1所示。

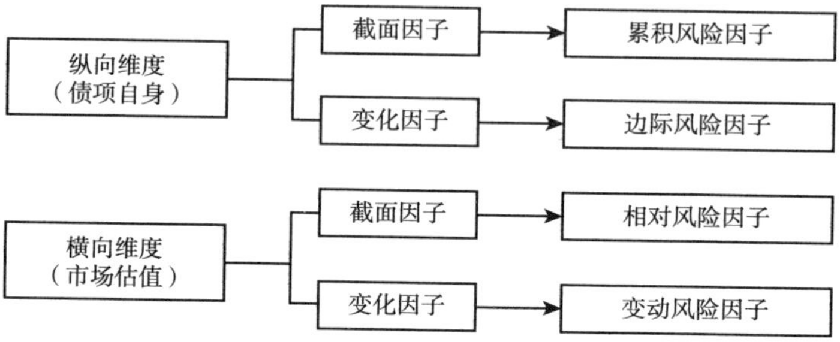

图 5-1 衍生风险预警因子

（一）累积风险因子

1. 因子含义

累积风险因子可解释为个券交易利差在所选指定区间内的累积上升幅度，反映出个券信用资质的累积变化，交易利差累积上升幅度越大，主体信用资质恶化越显著。

2. 计算方法

累积风险因子由逐日追踪估值法下的 YTM 与首日追踪估值法下的 YTM 差分得到。计算公式如下：

情形 1：若计算日当天未发生交易：

逐日 YTM - 首日 YTM

=（该交易日对应的相同剩余期限的国债 YTM + 上个实际发生交易的交易日交易利差）-（该交易日对应的相同剩余期限的国债 YTM + 上市后首日交易利差）

=上个实际发生交易的交易日交易利差－上市后首日交易利差

情形2：若计算日当天发生交易（上述情形1的特例：上个实际发生交易的交易日即为当天）：

逐日YTM－首日YTM

=(该交易日对应的相同剩余期限的国债YTM＋本交易日实际交易利差)－(该交易日对应的相同剩余期限的国债YTM＋上市后首日交易利差)

=本交易日实际交易利差－上市后首日交易利差

（二）边际风险因子

1. 因子含义

边际风险因子衡量的是个券在相邻两个交易日交易利差水平的差值，反映的是短期内交易利差突变的情况。发生此类异常波动一般是由于主体信用资质的突然恶化、二级市场的交易异动、一级市场发行利率异常等情况所引起。

2. 计算方法

边际风险因子由每日的利差累积走阔差分得到。具体计算公式如下：

Δ(逐日YTM－首日YTM)

＝计算当天的(上个实际发生交易的交易日交易利差－

上市后首日交易利差）- 计算当天前一天的（上个实际发生交易的交易日交易利差 - 上市后首日交易利差）

由于上市后首日交易利差不随计算时间的变化而改变，故：

原式 = 计算当天的上个实际发生交易的交易日交易利差 - 计算当天前一天的上个实际发生交易的交易日交易利差

（1）若计算当天有实际交易发生，则计算当天的上个实际发生交易的日期为当日，且与计算当天前一天的上个实际发生交易的日期不同，上式退化为：

当日交易利差 - 最近的前一次交易利差 = 当日实际交易利差跳升

（2）若计算当天无实际交易发生，则计算当天的上个实际发生交易的日期与计算当天前一天的上个实际发生交易的日期一致，上式退化为0。

（三）相对风险因子

1. 因子含义

相对风险因子是通过分位数将单只债券每天的利差与总样本进行比较分析，从而衡量该数据所处总样本集的位置，在此计算方法下，债券的逐日利差越小，百分位数越靠前，即百分位数的数值越小。

2. 计算方法

以交易日为单位，将当日所有债券样本的逐日交易利差从小到大进行排序，并计算相应的百分位数。

（四）变动风险因子

1. 因子含义

变动风险因子能够反映出该只债券在所属类别中逐日利差的变动情况。

2. 计算方法

变动风险因子在上述相对风险因子的基础上计算得到。对已完成计算的百分位数进行差分，即计算某只债券在两个相邻交易日的百分位数数值之差。

二、因子的敏感度与显著性检验

在2481只2018年全部有交易可逐日对标、固定票息、年度付息、剔除担保的中票样本中，通过比较2019年1月1日与2018年1月1日的级别，将全部中票样本按照评级正向组（上调与级别稳定）和评级负向组（下调与违约）分成两组。

第一组“上调与级别稳定”中共计2460只债券，其中级别上调债项93只，级别稳定债项2367只；第二组“下调与违约”中共计21只债券，其中级别下调债项13只，发生违约债项8只。

（一）因子分组的单调性检验

将四类因子按上述方法分成“评级正向组（上调与级别稳定）”和“评级负向组（下调与违约）”两组进行检验，结果如表5-1所示。可以看出，绝对维度下的两类因子，即累积风险因子和边际风险因子的统计值明显分化，均呈现单调递增，说明评级正向组均值小于评级负向组均值，累积风险因子和边际风险因子对债券违约的敏感度较高，与信用风险呈现正相关性。

相对维度下的两类因子，即相对风险因子和变动风险因子的统计值如表5-2所示。可以看出，评级正向组（上调与级别稳定）和评级负向组（下调与违约）的统计值也明显分化，反映出评级正向组的债券利差与全市场相比，其百分位数数值普遍较低，说明该组的债券逐日利差较小；此外，评级正向组的逐日利差排序分位数变化因子数值也呈同样特征，其统计值均低于评级负向组，说明该组的利差变动幅度普遍较小，利差水平较为稳定。

表 5－1　　绝对维度因子单调性检验结果

分组	因子一（累积风险因子）	因子二（边际风险因子）
上调＋稳定	0. 3630	0. 0520
下调＋违约	41. 8720	15. 5775

表 5－2　　相对维度因子单调性检验结果

分组	因子三（相对风险因子）	因子四（变动风险因子）
上调＋稳定	0. 49608	－0. 00001
下调＋违约	0. 87344	0. 00089

（二）因子分组组间的显著性检验

显著性分析方面，本研究采用非参数检验中 Mann－Whitney U 检验方法。如表 5－3 所示，当债券分为评级正向（上调和级别稳定）与评级负向（下调和违约）两组时，对债券逐日利差四类预警因子的统计量做显著性检验，结果表明评级正向组逐日利差均显著低于评级负向组（$p=0.000$），两组间逐日利差特征存在显著差异。

表 5－3　　因子显著性检验结果

序号	上调＋稳定/下调＋违约	p 值	显著性
因子一	累积风险因子	0. 000	显著
因子二	边际风险因子	0. 000	显著
因子三	相对风险因子	0. 000	显著
因子四	变动风险因子	0. 000	显著

三、债券信用风险预警模型的结果与检验

（一）模型拟合结果

以每只债券每个交易日为单位，选取2481只中票每个交易日（共计242个交易日）的逐日YTM与首日YTM，通过上述计算方法得到四类风险因子，并使用Logistic回归模型拟合得到四个预警因子的权重。拟合结果见表5－4，截距项为－9.01，累积风险因子、边际风险因子、相对风险因子、变动风险因子的拟合系数分别为0.04、－0.02、5.27与0.81。

最终得到的模型为：

$$\ln\left(\frac{p}{1-p}\right) = -9.01 + 0.04X_1 - 0.02X_2 + 5.27X_3 + 0.81X_4$$

为便于观察，将Logistic回归模型转化为：

$$p = 1 - \frac{1}{1+\exp(-9.01+0.04X_1-0.02X_2+5.27X_3+0.81X_4)}$$

其中，p为某只债券当天发生级别下调事件的预警概率，其对应的发债主体的预警概率通过对同一主体所发债券的预警概率等权相加计算得到。

表 5-4　　Logistic 回归结果

	w_n
截距项	-9.01
累积风险因子（X_1）	0.04
边际风险因子（X_2）	-0.02
相对风险因子（X_3）	5.27
变动风险因子（X_4）	0.81

债券预警方面，模型共得到33106条数据结果，筛选风险概率大于50%的债券，得到21条数据结果。其中，标签为0，即评级正面（上调与级别稳定）组债券共5只，占比23.81%；标签为1，即评级负面（下调与违约）组债券共16只，占比76.19%。此外，模型所得的预警概率在两组间呈现明显分化，对所有评级正面组债券的预警概率取均值，结果为0.41%，对所有评级负面组债券的预警概率取均值，结果为12.94%。

主体预警方面，1191家发债主体的预警概率通过对同一主体所发债券的预警概率等权计算得到。对1191家发债主体2018年每个交易日对应的预警概率取最大值，按照预警概率曾触及50%标准进行筛选监测累积共9家预警主体，其中命中实际负面主体数目为7家。此外，模型计算得到的主体预警概率在实际正面和负面组间呈现明显分化，对全部实际正面主体预警概率的最大值取均值，结果为 0.95%；对全部实际负面主体预警概率的最大值取均值，结果为 42.15%。

显著性分析方面，采用非参数检验中 Mann – Whitney U 检验方法。当债券分为评级正向与评级负向两组时，对债券预警概率和主体预警概率做显著性检验，结果表明评级正向组风险概率均显著低于评级负向组（$p = 0.000$），两组间预警概率特征存在显著差异。

（二）模型有效性测试结果

统计学中，模型的有效性可以通过模型结果发生的第一类错误（type I error）和第二类错误（type Ⅱ error）的概率来评估。第一类错误指“拒真错误”，即拒绝了实际上成立的、正确的原假设；第二类错误指“纳伪错误”，即接受了错误的原假设。从实际意义出发，在预警模型中，原假设为“某主体属于负面评级组”，统计学中的第一类错误可以理解为：Logistic 回归结果未能正确识别实际评级负面主体的情况；第二类错误可以理解为 Logistic 回归结果将本不属于评级负面的主体分类为预警主体的情况。在此基础上，我们通过覆盖度与准确率来体现模型犯第一类错误与犯第二类错误的概率，并在不同的风险阈值下对模型有效性进行评估（见表 5 – 5）。

表 5－5　　覆盖度与准确性的统计学含义

覆盖度	1－P（type Ⅰ error）
准确率	1－P（type Ⅱ error）

具体来看，覆盖度反映的是在所有实际发生了负面事件的主体中，模型在某个风险阈值的标准下能对其中多少个评级负面主体给出预警；准确率反映的是模型在某个风险阈值下提示出的预警主体中，有多少个主体实际发生了评级负面事件。

$$覆盖度 = \frac{给出预警信号的实际评级负面主体数量}{实际所有负面主体数量}$$

$$准确率 = \frac{给出预警信号的实际评级负面主体数量}{模型提示出的所有预警主体数量}$$

1. 样本内测试

在 1191 家发债主体样本中，归属于评级负面组的主体共 17 家（见表 5－6），其中，下调的主体共 8 家，违约的主体共 9 家，以下将通过截至 2018 年 12 月 28 日历史主体预警概率的最大值，对模型的覆盖度进行测算。

表 5－6　　评级负向组（共计 17 家）主体清单

序号	评级负面组主体清单	分类
1	盾安控股集团有限公司	下调
2	湖北宜化化工股份有限公司	下调
3	上海飞乐音响股份有限公司	下调

续表

序号	评级负面组主体清单	分类
4	浙江省商业集团有限公司	下调
5	宝塔石化集团有限公司	下调
6	山东胜通集团股份有限公司	下调
7	浙江古纤道新材料股份有限公司	下调
8	河南众品食品有限公司	下调
9	上海华信国际集团有限公司	违约
10	江苏宏图高科技股份有限公司	违约
11	中国华阳经贸集团有限公司	违约
12	金鸿控股集团股份有限公司	违约
13	洛娃科技实业集团有限公司	违约
14	印纪娱乐传媒股份有限公司	违约
15	永泰能源股份有限公司	违约
16	山东金茂纺织化工集团有限公司	违约
17	中国城市建设控股集团有限公司	违约

从筛选的数量上看，当减小模型预警概率的阈值时，模型的预警敏感度增强，筛选出的预警主体总数增加，犯第一类错误的概率减小，即遗漏预警主体的概率减小、模型筛选的预警主体覆盖度上升，但筛选出的主体中属于非负面主体的样本数量也相应增加，即模型筛选的预警主体准确率下降。在2%、5%和50%的风险阈值下，截至2018年12月28日（见图5-2），模型全年分别累计筛选出93家、21家和9家预警主体。

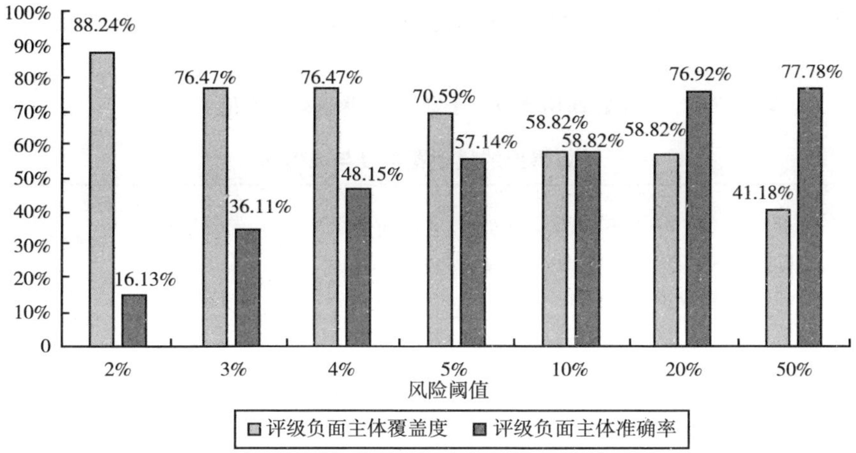

图 5 - 2　截至 2018 年 12 月 28 日预警概率最大值计算得出的模型覆盖度与准确率

从准确率和覆盖度上看（见表 5 - 7），在 2% 的预警概率阈值下，模型累计共监测到 93 家预警主体，在 1191 个样本中实际出现负面评价的 17 家（违约或下调）主体中，被模型成功监测到的预警主体数目达到 15 家，评级负面主体准确率为 16. 13%，评级负面主体覆盖度达到了 88. 24%，其中命中下调的主体共 6 家，下调主体覆盖度达到 75%，命中违约的主体共 9 家，违约主体覆盖度达 100%。

同理，在 5% 的预警概率阈值下，模型累计共监测到 21 家预警主体，在实际出现负面评价的 17 家（违约或下调）主体中，被模型成功监测到的预警主体数目达到 12 家，评级负面主体准确率上升至 57. 14%，评级负面主体覆盖度下降至 70. 59%，其中，命中下调的主体共 4 家，下调主体覆盖度为

50%，命中违约的主体共8家，违约主体覆盖度达88.89%。

表5-7　截至2018年12月28日预警概率最大值计算得出的模型覆盖度与准确率

风险阈值	模型预警数量	下调命中数量/下调总量	违约命中数量/违约总量	负面命中数量/评级负面总量	评级负面主体覆盖度	负面命中数量/预警总量	评级负面主体准确率
2%	93	6/8	9/9	15/17	88.24%	15/93	16.13%
3%	36	4/8	9/9	13/17	76.47%	13/36	36.11%
4%	27	4/8	9/9	13/17	76.47%	13/27	48.15%
5%	21	4/8	8/9	12/17	70.59%	12/21	57.14%
10%	17	3/8	7/9	10/17	58.82%	10/17	58.82%
20%	13	3/8	7/9	10/17	58.82%	10/13	76.92%
50%	9	1/8	6/9	7/17	41.18%	7/9	77.78%

在50%的预警概率阈值下，模型累计共监测到9家预警主体，在实际出现负面评价的17家（违约或下调）主体中，被模型成功监测到的预警主体数目达到7家，评级负面主体准确率上升至77.78%，评级负面主体覆盖度下降至41.18%，其中，命中下调的主体共1家，下调主体覆盖度为12.5%，命中违约的主体共6家，违约主体覆盖度达66.67%。

根据上述模型敏感度测试结果，建议以2%、5%和50%为警戒线，将主体划分为四类（见表5-8）。其中主体预警概率低于2%的，为低级预警；主体预警概率处于2%

至5%区间内的，为中级预警；主体预警概率处于5%至50%区间内的，为高级预警；主体预警概率大于等于50%以上的，为超高级预警。

表5-8　　预警等级划分标准

主体预警概率阈值	预警等级
2%以下	低级
[2%，5%)	中级
[5%，50%)	高级
大于等于50%	超高级

2. 样本外测试

为验证该模型是否具有普适性，选取A评级机构所评发债主体在2020年1月2日至2021年6月16日时间区间内有交易记录的所有债券作为样本数据，对上述模型进行样本外测试。此外，为增强时间维度的对比性，测试将分为2020年12月31日和2021年6月16日两个时间截面，计算相应的模型覆盖度与准确率。

(1) 2020年1月2日至2020年12月31日。

在该时间段内，共有602家发债主体样本，归属于评级负面组的主体共26家，其中，下调的主体共10家，违约的主体共16家，评级负面主体清单见表5-9。

表 5－9　　评级负向组（共计 26 家）主体清单

序号	评级负面组主体清单	分类
1	亿利资源集团有限公司	下调
2	天安财产保险股份有限公司	下调
3	深圳广田集团股份有限公司	下调
4	山东富宇化工有限公司	下调
5	青海省国有资产投资管理有限公司	下调
6	宁夏泰瑞制药股份有限公司	下调
7	能兴控股集团有限公司	下调
8	孚日集团股份有限公司	下调
9	东营市亚通石化有限公司	下调
10	北京捷成世纪科技股份有限公司	下调
11	西王集团有限公司	违约
12	宁夏远高实业集团有限公司	违约
13	新华联控股有限公司	违约
14	山东如意科技集团有限公司	违约
15	三亚凤凰国际机场有限责任公司	违约
16	华泰汽车集团有限公司	违约
17	北京信威通信技术股份有限公司	违约
18	青海盐湖工业股份有限公司	违约
19	青海省投资集团有限公司	违约
20	山东胜通集团股份有限公司	违约
21	天津市房地产信托集团有限公司	违约
22	海口美兰国际机场有限责任公司	违约
23	沈阳盛京能源发展集团有限公司	违约
24	华晨汽车集团控股有限公司	违约
25	福建福晟集团有限公司	违约
26	精功集团有限公司	违约

模型的准确率与覆盖度以截至 2020 年 12 月 31 日历史主体预警概率最大值维度进行测算。在 2%、5% 和 50% 的风险阈值下，模型在该时间段内分别累计筛选出 86 家、28 家、5 家。

从准确率和覆盖度上看（见表 5－10），在 2% 的预警概率阈值下，模型共监测到 86 家预警主体，在 602 个样本中实际出现负面评价的 26 家（违约或下调）主体中，被模型成功监测到的预警主体数目达到 17 家，评级负面主体准确率为 19.77%，评级负面主体覆盖度达到了 65.38%，其中，命中下调的主体共 5 家，下调主体覆盖度达到 50%，命中违约的主体共 12 家，违约主体覆盖度达 75%。

表 5－10 截至 2020 年 12 月 31 日预警概率最大值计算得出的模型覆盖度与准确率

风险阈值	模型预警数量	下调命中数量/下调总量	违约命中数量/违约总量	负面命中数量/评级负面总量	评级负面主体覆盖度	负面命中数量/预警总量	评级负面主体准确率
2%	86	5/10	12/16	17/26	65.38%	17/86	19.77%
5%	28	1/10	6/16	7/26	26.92%	7/28	25.00%
50%	5	0/10	1/16	1/26	3.85%	1/5	20.00%

同理，在 5% 的预警概率阈值下，模型累计共监测到 28 家预警主体，在实际出现负面评价的 26 家（违约或下调）主体中，被模型成功监测到的预警主体数目达到 7 家，评级负面主

体准确率上升至25%，评级负面主体覆盖度下降至26.92%，其中，命中下调的主体共1家，下调主体覆盖度为10%，命中违约的主体共6家，违约主体覆盖度达37.5%。

在50%的预警概率阈值下，模型累计共监测到5家预警主体，在实际出现负面评价的26家（违约或下调）主体中，被模型成功监测到的预警主体数目达到1家，评级负面主体准确率为20%，评级负面主体覆盖度下降至3.85%，其中，命中下调的主体共0家，下调主体覆盖度为0，命中违约的主体共1家，违约主体覆盖度达6.25%。

（2）2020年1月2日至2021年6月16日。

在该时间段内，共有602家发债主体样本，归属于评级负面组的主体共35家，其中下调的主体共14家，违约的主体共21家，评级负面主体清单如表5－11所示。

表5－11　评级负向组（共计35家）主体清单

序号	评级负面组主体清单	分类
1	郑州煤炭工业（集团）有限责任公司	下调
2	亿利资源集团有限公司	下调
3	天津市房地产发展（集团）股份有限公司	下调
4	天安财产保险股份有限公司	下调
5	四川蓝光发展股份有限公司	下调
6	深圳广田集团股份有限公司	下调
7	山东富宇化工有限公司	下调
8	青海省国有资产投资管理有限公司	下调
9	宁夏泰瑞制药股份有限公司	下调

续表

序号	评级负面组主体清单	分类
10	能兴控股集团有限公司	下调
11	海航集团（国际）有限公司	下调
12	孚日集团股份有限公司	下调
13	东营市亚通石化有限公司	下调
14	北京捷成世纪科技股份有限公司	下调
15	西王集团有限公司	违约
16	宁夏远高实业集团有限公司	违约
17	新华联控股有限公司	违约
18	山东如意科技集团有限公司	违约
19	三亚凤凰国际机场有限责任公司	违约
20	华泰汽车集团有限公司	违约
21	北京信威通信技术股份有限公司	违约
22	青海盐湖工业股份有限公司	违约
23	青海省投资集团有限公司	违约
24	山东胜通集团股份有限公司	违约
25	天津市房地产信托集团有限公司	违约
26	海口美兰国际机场有限责任公司	违约
27	沈阳盛京能源发展集团有限公司	违约
28	华晨汽车集团控股有限公司	违约
29	福建福晟集团有限公司	违约
30	精功集团有限公司	违约
31	华夏幸福基业股份有限公司	违约
32	宁夏晟晏实业集团有限公司	违约
33	九通基业投资有限公司	违约
34	阳光凯迪新能源集团有限公司	违约
35	华夏幸福基业控股股份公司	违约

模型的准确率与覆盖度以截至2021年6月16日历史主体预警概率最大值维度进行测算。在2%、5%和50%的风险阈值下，模型在该时间段内分别累计筛选出109家、41家、11家。

从准确率和覆盖度上看（见表5-12），在2%的预警概率阈值下，模型共监测到109家预警主体，在602个样本中实际出现负面评价的35家（违约或下调）主体中，被模型成功监测到的预警主体数目达到21家，评级负面主体准确率为19.27%，评级负面主体覆盖度达到了60%，其中，命中下调的主体共7家，下调主体覆盖度达到50%，命中违约的主体共14家，违约主体覆盖度达66.67%。

表5-12　截至2021年6月16日预警概率最大值计算得出的模型覆盖度与准确率

风险阈值	模型预警数量	下调命中数量/下调总量	违约命中数量/违约总量	负面命中数量/评级负面总量	评级负面主体覆盖度	负面命中数量/预警总量	评级负面主体准确率
2%	109	7/14	14/21	21/35	60.00%	21/109	19.27%
5%	41	3/14	11/21	14/35	40.00%	14/41	34.15%
50%	11	0/14	5/21	5/35	14.29%	5/11	45.45%

同理，在5%的预警概率阈值下，模型累计共监测到41家预警主体，在实际出现负面评价的35家（违约或下调）主体中，被模型成功监测到的预警主体数目达到14家，评

级负面主体准确率上升至 34.15%，评级负面主体覆盖度下降至 40%，其中，命中下调的主体共 3 家，下调主体覆盖度为 21.43%，命中违约的主体共 11 家，违约主体覆盖度达 52.38%。

在 50% 的预警概率阈值下，模型累计共监测到 11 家预警主体，在实际出现负面评价的 35 家（违约或下调）主体中，被模型成功监测到的预警主体数目达到 5 家，评级负面主体准确率上升至 45.45%，评级负面主体覆盖度下降至 14.29%，其中，命中下调的主体共 0 家，下调主体覆盖度为 0，命中违约的主体共 5 家，违约主体覆盖度达 23.81%。

3. 小结

通过 2020 年 12 月 31 日和 2021 年 6 月 16 日两个时间截面下模型覆盖度与准确率的对比（见图 5－3 和图 5－4），可以看出，在相同风险阈值水平下，模型评级负面主体覆盖度大体上呈现单调递增，说明随着时间推移，模型成功监测到的预警主体数目会相应增加；此外，模型评级负面主体准确率也在时间维度上呈单调递增走势，说明模型相同阈值下筛选出的预警主体中，实际发生了负面事件的主体个数占比比例随时间推移增加。通过覆盖度和准确率的单调走势，能够侧面反映出该模型预警效果较为理想，预警信号具有一定的前置性，可以作为债券传统基本面预警方式的有效补充。

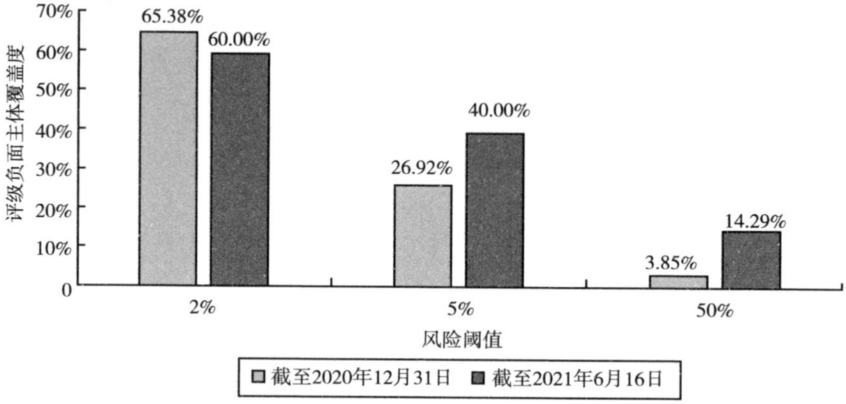

图 5-3　评级负面主体覆盖度

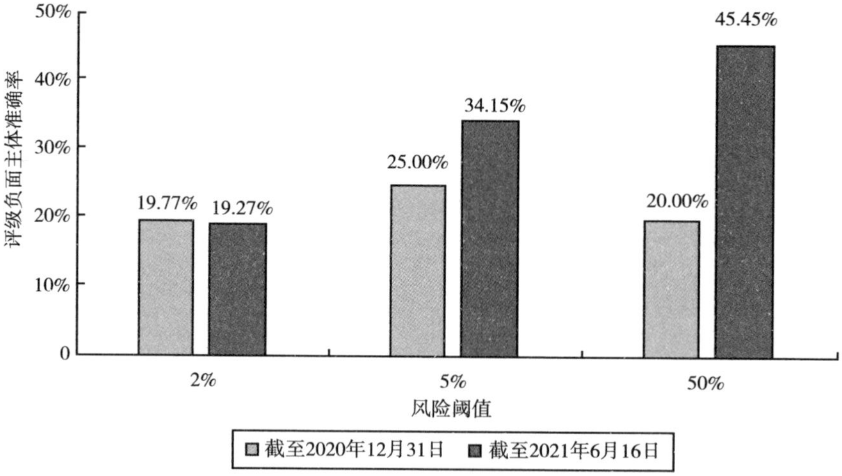

图 5-4　评级负面主体准确率

第六章　行业关键要素识别与主体级别

第一节　研究意义和目标

信用评级的行业关键要素挖掘是指在影响某行业各个企业主体信用级别的众多要素中，挖掘出产生关键作用的核心要素的过程。信用评级在现代金融系统中扮演着重要的角色，从宏观层面来看，信用评级作为企业信用风险水平的度量符号，是国家和市场等经济主体进行融资活动定价的关键依据，对于调节资源配置、提高市场效率、改善融资环境起到重要作用。从微观层面来看，信用评级整合了大量债券发行人等融资人及其所在行业、区域和经济环境的有价值信息，可以有效地解决投资者和发行人信息不对称的问题，使投资者对相关市场、行业和投资主体的信用状况有了更为全面和准确的认知，为投资者防范信用风险提供了决策依据。

评级的本质是帮助投资者解决信息不对称问题，降低由于信息不对称而产生的额外信用风险及不必要的高额风险溢价。投资者在发行主体各种经营信息、财务信息的获取受到限制时，难以充分了解企业生产经营中的潜在风险，同时需投入大量搜寻信息和甄别信息的成本，以便准确识别投资风险、做出最适当的投资决策。

此时，评级关键要素挖掘有助于简化这个问题，帮助投资者更加方便地对信息获取受限的企业或公开市场上无评级的企业进行级别判断。另外，行业关键要素挖掘不仅在上述方面对投资者能够产生积极作用，而且对于评级机构本身也有着实际的应用意义。一方面，关键要素的挖掘可以帮助评级机构在企业提供的原始数据受限的情况下，得到较为准确的级别判定；另一方面，简化的财务或经营指标能够使得评级机构对受评主体进行更为及时、迅速的动态追踪，在信用风险分析和预警方面意义重大；且由于评级关键要素挖掘的仅是对评级产生至关重要作用的少量核心指标，按照该方法计算出的分值对企业进行排序，即可用更少的指标解决评级区分度不明显的问题。

为此，本研究利用多分类 Softmax 量化模型对行业关键要素进行挖掘和分析，得出对企业信用评级产生关键影响的若干指标，计算得出反映企业信用水平的综合得分和对应级别，并根据得分高低对同一级别内的企业做出排序，帮助投资者更高效便捷地解决信息不对称的问题，并可用精简的指标更加及时地监测信用风险、解决评级区分度不明显的问题。

第二节 研究方法

一、多分类 Softmax 模型

（一）多分类 Softmax 模型的方法原理

经典的 Logistic 回归是因变量为二分类变量的回归分析，模型可用于预测概率或分类，其自变量为对二分类变量可能产生影响的连续变量。Logistic 回归的目的是为每个自变量拟合确定一个合适的系数 w_0，w_1，…，w_n，使得当测试样本的数据 x_1，…，x_n 输入时，这组系数与测试数据的乘积按照线性加和 $z = w_0 + w_1x_1 + w_2x_2 + \cdots + w_nx_n$ 得到一个（$-\infty$，∞）区间上的值，并通过如下函数变换为（0，1）内的概率值：

$$P(z) = \frac{1}{1 + e^{-z}}, \qquad 1 - P(z) = \frac{e^{-z}}{1 + e^{-z}}$$

此处得到的两个概率值 $P(z)$ 和 $1 - P(z)$ 分别为 Logistic 回归根据模型参数估计得到的分属于两类的对应概率。根据上述思想建立拟合概率 $P(z)$ 与实际分类结果 y_1，…，y_n（y_1，…，y_n均为 0 或 1 的变量）之间的优化目标函数：

$$L(w) = \prod_i P(z)^{y_i}[1 - P(z)]^{1-y_i}$$

通过对目标函数使用极大似然方法，求解得到使得目标函数 $L(w)$ 最大的相应各自变量的模型系数 w_0，w_1，…，w_n。

Softmax 模型为 Logistic 模型的推广形式，用于处理因变量为多分类的回归问题。记输入数据是对 n 个特征进行 m 次观测所得的样本：

$$X = \begin{bmatrix} x_{10} & x_{11} & x_{12} & \cdots & x_{1n} \\ x_{20} & x_{21} & x_{22} & \cdots & x_{2n} \\ \vdots & \vdots & \vdots & \ddots & \vdots \\ x_{m0} & x_{m1} & x_{m2} & \cdots & x_{mn} \end{bmatrix}$$

其中，X 第一列数据 x_{i0} 全部为 1，是人为加入的截距项。x_{ij}（$1 \leqslant i \leqslant m$，$1 \leqslant j \leqslant n$）表示第 j 个变量在第 i 次观测时的值。

该样本对应的真实类别为：

$$Y=\begin{bmatrix} y_{11} & y_{12} & \cdots & y_{1k} \\ y_{21} & y_{22} & \cdots & y_{2k} \\ \vdots & \vdots & \ddots & \vdots \\ y_{m1} & y_{m2} & \cdots & y_{mk} \end{bmatrix}$$

Y 的每一行只有一个值为 1，其他全为 0。$y_{ij}=1$（$1\leqslant i\leqslant m$，$1\leqslant j\leqslant k$）表示第 i 个样本对应的实际分类为第 j 类。

记待估计的各指标的权重参数为：

$$\Omega=\begin{bmatrix} \omega_{01} & \omega_{02} & \cdots & \omega_{0k} \\ \omega_{11} & \omega_{12} & \cdots & \omega_{1k} \\ \omega_{21} & \omega_{22} & \cdots & \omega_{2k} \\ \vdots & \vdots & \ddots & \vdots \\ \omega_{n1} & \omega_{n2} & \cdots & \omega_{nk} \end{bmatrix}$$

记 Softmax 函数的自变量为：

$$Z=\begin{bmatrix} z_{11} & z_{12} & \cdots & z_{1k} \\ z_{21} & z_{22} & \cdots & z_{2k} \\ \vdots & \vdots & \ddots & \vdots \\ z_{m1} & z_{m2} & \cdots & z_{mk} \end{bmatrix}$$

Z 是模型输入数据 x_{ij} 按照各指标权重 ω_{ij} 的加权求和，即：

$$z_{ij}=\sum_{p=0}^{n} x_{ip}\,\omega_{pj}, \qquad Z=X\Omega$$

记经过 Softmax 函数处理后的因变量为：

$$\hat{Y}=\text{Softmax}\ (Z)\ =\begin{bmatrix}\hat{y}_{11} & \hat{y}_{12} & \cdots & \hat{y}_{1k}\\ \hat{y}_{21} & \hat{y}_{22} & \cdots & \hat{y}_{2k}\\ \vdots & \vdots & \ddots & \vdots\\ \hat{y}_{m1} & \hat{y}_{m2} & \cdots & \hat{y}_{mk}\end{bmatrix}$$

其中，$\hat{y}_{ij}=\dfrac{e^{z_{ij}}}{\sum_{j=1}^{k} e^{z_{ij}}}$，表示经 Softmax 模型拟合后第 i 个样本属于第 j 类的概率，即把（$-\infty$，∞）上取值的 z_{ij} 映射到［0，1］上取值的 $\hat{y}_{ij}$ 且使得对于任意 i，均满足 $\sum_{j=1}^{k}\hat{y}_{ij}=1$。

（二）多分类 Softmax 模型优化目标的确定

熵在信息论中代表对随机变量不确定度的度量，一个离散型随机变量 X 的熵 $H(X)$ 定义为：

$$H(X)=-\sum_{i=1}^{K}p(x_i)\ln[p(x_i)]$$

交叉熵刻画的是实际输出概率和期望输出概率的距离，交叉熵的值越小，则两个概率分布越接近，即实际与期望差距越小。交叉熵中的交叉就体现在期望概率分布与实际概率分布的联合乘积。假设概率分布 $p(x_i)$ 为期望输出，概率分布 $q(x_i)$ 为实际输出，则交叉熵 $H(X)$ 为：

$$H(X)=-\sum_{i=1}^{K}p(x_i)\ln[q(x_i)]$$

将交叉熵的思想引入 Softmax 分类模型中，定义模型的总代价函数为：

$$J = \sum_{i=0}^{m} \left(- \sum_{j=1}^{k} y_{ij} \ln \hat{y}_{ij} \right)$$

$y_{ij}\ln\hat{y}_{ij}$ 表示第 i 个样本其实际分类为第 j 个时模型预测其分类为第 j 个的概率的对数。对于一个样本 i，只有一个 y_{ij} 对应了该样本的真实正确分类 j；若这个 y_{ij} 输出的概率值 $\hat{y}_{ij}$ 越高，则按照以上的函数公式，其产生的损失就越小；反之，则产生的损失就越高。由于 $\hat{y}_{ij}$ 为［0，1］区间的变量，因此 $y_{ij}\ln\hat{y}_{ij}$ 为负值。将代价函数 J 视为参数 Ω 的函数 $J(\Omega)$，我们的求解目标是找到使目标函数 J 最小的参数 Ω。

梯度下降法是通过迭代找到目标函数的最小值，在机器学习中是求解参数的一种常用方法，尤其在求解无约束最值问题时经常使用。选取适当的初值 $\Omega(0)$ 并不断迭代更新 Ω 的值，进行目标函数 $J(\Omega)$ 的极小化，直到收敛。由于负梯度方向是使函数值下降最快的方向，在迭代的每一步，以负梯度方向更新 Ω 的值，从而更快地达到函数值减小的目的。

二、聚类分析

聚类分析是根据样本的不同指标特征信息，将相似的样本或反映相同特征的指标进行分组。聚类的目标是为了得到较高的簇内相似度和较低的簇间相似度，使得两类簇之间的距离尽可能大，簇内样本和其样本点的均值距离尽可能小。在一般的聚类操作过程中，需要先对数据源进行特征标准化和降维处理，从所有特征中选取有效特征，而后将其储存于向量之中。随后，对选取的特征进行转换，形成新的突出特征，而后选择相符的距离函数进行接近程度的度量，执行聚类或分组。这种运作过程使得聚类分析有着卓越的优势，第一，聚类分析的精准度不受数据量影响，无论数据量在几百或是几百万，其结果都能保证一致的准确度。第二，聚类分析对数据源的包容性极强，从基础的数值类数据到分类型数据，都可以被操作处理。除此之外，聚类分析还具有易于处理高维数据、对异常数据抗干扰性强等特点。经典的聚类方法有层次聚类和 K－均值聚类两种。

（一）层次聚类

层次聚类的核心思想是把每一个观测值都视为一类，而后计算各类之间的距离，选取最相近的两个类，将它们合并为一个类；这些新的类再继续计算距离，合并到最近的两个类；如此往复，最后就只有一个类，然后用树状图记录这个过程，这个树状图就包含了分类的信息。

层次聚类算法可以揭示数据的分层结构，在树形结构上不同层次进行划分，可以得到不同颗粒的聚类结果，按照层次聚类的过程还可以分为自底向上的聚合聚类和自顶向下的分裂聚类。聚合聚类将每个样本都看作一个簇，初始状态下簇的数目等于样本的数目，而后把簇间距离最小的相似簇合并成一个新的簇，直到满足算法的终止条件。分裂聚类是将所有样本看作同一簇，而后逐渐分裂成更小的簇，直到满足算法终止条件，但分裂聚类的运用远不如聚合聚类广泛。在聚合聚类算法中，一般首先运用欧式距离计算得出数据源的相似矩阵，即 $d(x_i, x_j) = \left[\sum_{k=1}^{p} (x_{ik} - x_{jk})^2 \right]^{\frac{1}{2}}$，将计算结果最小的数据值归为一类，而后计算出新类与其余数据值的相似矩阵，如此不停迭代。在层次聚类算法中，我们可以发现它们之间的层次关系，具有较强的可解释性，且距离和相似的定义比较灵活，可以自由进行选择。但这种算法的运用较为复杂，并且很可能聚类成链状。

（二）K－均值聚类

K－均值聚类通过将对象划分为互斥的簇进行聚类，每个对象属于且仅属于一个簇。其核心思想是，随机选择 K 个初始质心，每一个质心为一个类，而后把每个观测对象指派到离它最近的质心，与质心形成新的类。再重新计算每个类的质心，直到质心不再发生变化时或者到达最大迭代次数时停止分类，所谓质心就是一个类中的所有观测值的平均向量。

K－均值聚类算法原理简单，容易实现，且运行效率较高，其结果容易解释，适用于高维数据的聚类。但 K－均值聚类算法很容易导致过程中发生局部收敛，在大规模数据集上求解较慢。另外，K－均值聚类对离群点和噪声点非常敏感，少量的离群点和噪声点可能对算法求平均值产生极大影响。

三、考察多分类 Softmax 模型效果的输出指标及其计算方法

（一）学习样本拟合准确率

$$\hat{y}_{ij} = \text{Softmax}(z_{ij}) = \text{Softmax}\left(\sum_{p=0}^{n} x_{ip}\,\omega_{pj}\right)$$

对于任意 i，$x_{i0}=1$ 表示模型的截距项。模型指标共计 n 个，因变量共计 k 个分类，学习样本共计 u 个，$\hat{y}_{ij}$（$i=1$，…，u，$j=1$，…，k）矩阵每一行（每一个主体）的最大值所在的第 j 列对应的实际分布 y_{ij} 矩阵的第 j 列恰为 1，即为该行（该主体）经过 Softmax 模型分类拟合正确，拟合正确的行数目除以 u 即为学习样本拟合准确率。为了防止学习样本的选取产生偏差，将重复随机抽取 1000 次学习样本计算得到的拟合准确率取平均值作为衡量指标。

（二）测试样本预测准确率

$$\hat{y}_{ij} = \text{Softmax}(z_{ij}) = \text{Softmax}\left(\sum_{p=0}^{n} x_{ip}\,\omega_{pj}\right)$$

对于任意 i，$x_{i0}=1$ 表示模型的截距项。模型指标共计 n 个，因变量共计 k 个分类，测试样本共计 v 个，$\hat{y}_{ij}$（$i=1$，…，v，$j=1$，…，k）矩阵每一行（每一个主体）的最大值所在的第 j 列对应的实际分布 y_{ij} 矩阵的第 j 列为 1，即为该行（该主体）运用 Softmax 模型分类预测正确，预测正确的行数目除以 v 即为测试样本预测准确率。为了防止测试样本的选取产生偏差，将上述重复随机抽取 1000 次学习样本以外的样本作为测试样本，计算测试样本预测准确率并取平均值作为衡量指标。

（三）指标的权重系数在不同分类组间的标准差

待估计的各指标的权重系数为：

$$\Omega=\begin{bmatrix}\omega_{01} & \omega_{02} & \cdots & \omega_{0k}\\ \omega_{11} & \omega_{12} & \cdots & \omega_{1k}\\ \omega_{21} & \omega_{22} & \cdots & \omega_{2k}\\ \vdots & \vdots & \ddots & \vdots\\ \omega_{n1} & \omega_{n2} & \cdots & \omega_{nk}\end{bmatrix}$$

每一行为一个指标拟合得到在 k 个不同分类下的权重系数。Ω 矩阵的第一行为截距项系数，无实际含义；对其余 n 行按行求标准差，该 n 个标准差反映的是 n 个指标在 k 个不同分类下的离散程度，离散程度越大，表明对应的指标在 k 个不同分类中的区分效果越好。同理，为了防止学习样本与测试样本的选取产生偏差，将重复随机抽取 1000 次样本计算得到的 n 个指标对应的 n 个标准差取平均值作为衡量指标。

第三节　研究优势与创新点

一、评级方法概述

整体而言，传统的信用评级打分卡模型是采用专家经验方法选取评级指标、赋予各指标权重、阈值等参数。随着人工智能和数据挖掘算法的不断进步，当前信用风险度量方法逐步向以数学、统计与计量、计算机科学等动态模型分析法的趋势发展。

具体来看，财务因素分析法是早期出现的一种企业信用状况分析方法，包括比较分析法、比率分析法、趋势分析法、因素分析法。其中，财务分析是企业信用评级的重要方法，但基于财务报表分析的局限性，评级分析中财务分析显现出各行业分析指标雷同，表外财务要素分析不足、现金流分析弱化等问题，因此，评级体系需要进一步对财务指标进行修订调整、强化以现金流为导向的企业财务绩效综合分析。基于财务分析对评级结果的重要程度，财务指标可作为行业关键要素的重要素材，但因财务指标容易产生“不同会计指标间存在多重共线性”的问题，其挖掘过程仍需量化模型实现。

除了基础的财务分析之外，评级机构也结合信用要素分析法来对企业做出信用风险的评估，该方法是常用的专家分析法之一。信用要素分析法可以充分利用专家的经验，从整体上把握受评主体的信用风险状况和偿债能力，但它对评级人员的专业素养和业务水平要求较高，同时缺乏明确统一的量化标准，导致定性指标在量化过程中存在着一定的主观性和随意性，所以，我们仍选取定量指标作为主要素材。

经过多年的探索与实践，信用风险度量方法向以数学、统计与计量、计算机科学等动态模型分析法的趋势发展。

其中，KMV 模型依赖股票价格、股票收益等数据，适用于主体为上市公司的企业进行信用风险度量，且模型使用条件较为严格；AHP 层次分析法作为典型的层次权重决策综合分析方法，是一个指标繁多、较为复杂的决策系统，其层次权重的确定引入了较多的主观因素，不适用于关键要素的挖掘；Z 模型主要以会计数据来对企业信用风险进行评估，忽略了企业经营方面的情况，同时会计上的总资产的价值会受到许多因素的影响，与企业真实的价值并不吻合；因子分析可以对具有高度相关性的指标进行有效的整合和提炼，但提取出的公因子是将多个具体指标整合抽象后的概念，每个公因子与所有的原始指标间均存在一定的相关关系，无法实现指标维度的简化和筛选；Probit 回归模型是离散变量选择的广义线性模型，残差需要服从正态分布，应用条件较为局限；Logit 回归模型则不要求残差满足正态分布，其预测精准度要明显高于线性模型，其指数化后的 Logistic 回归模型可以较好地刻画出不同自变量对二分类事件发生概率的影响，但解决多分类问题时需进一步拓展；Softmax 回归模型在多分类问题中的因变量允许有两个以上的分类，且各分类之间互斥，较为符合我们需要解决的企业主体在多个不同信用级别间的概率分布问题。

二、Softmax 模型优势

考虑到对评级有关键影响的变量具备多重共线性的特征，且评级级别分组多于两个，提取的关键要素需细化到具体指标，基于此，我们将运用多分类 Softmax 回归模型。Softmax 回归模型是 Logistic 回归模型在多分类情形上的推广，多分类问题中的因变量允许有两个以上的分类，且各分类之间互斥，符合我们需要解决的企业主体的信用风险度量问题，即通过多个维度确定主体在多个不同信用级别间的概率分布问题。

具体操作上，依据各评级机构的评级方法来选择研究某个行业所使用的指标，并通过时间序列维度的平滑和横截面维度的均值方差及分位数标准化等方法进行处理。进一步，根据逐步回归模型的分析方法，将各指标分别引入多分类Softmax模型中，并把样本企业按照随机分层抽样方法分为学习组和测试组重复抽取1000次以消除抽样偏差的影响。通过考察不同指标在Softmax模型对应的不同级别间估计系数的标准差，以及模型在学习组的拟合准确率和测试组的预测准确率等统计量，采用层次聚类和K－均值聚类方法筛选出影响该行业信用评级的行业关键要素，根据Softmax模型计算出各主体落在不同信用级别组内的概率和综合得分以及排序。

本书将基于前文所述的量化方法，以电力生产行业、房地产行业和城投行业作为研究对象，得出影响各行业主体信用评级的若干指标，计算得出反映企业信用水平的综合得分和对应级别，并根据得分高低对同一级别内的企业做出排序，对提取的关键要素在信用级别分类上的刻画能力和效果进行实证分析，建立三个行业的关键要素模型，从而更加高效地实现对企业信用风险的度量和监测。

第四节　实证应用

一、电力行业

电力生产行业作为一个国家的基础行业，其发展情况关系到生产生活和经济社会的方方面面，具有重大的影响和意义。近年来，我国大力发展电力行业基础设施建设，建成西电东送工程，配电网装备水平得以提升，配电自动化有序推进，发电总量逐年增长，发电装机容量从 2010 年度的 9.66 亿千瓦增长到 2019 年度的 20.11 亿千瓦，连续七年全球第一，由原国家电力公司裂变重组而来的两大电网企业、五大发电集团和两大电建集团全部进入世界 500 强名单。作为国家经济发展战略中的重点行业，电力生产行业兼具资本密集和技术密集两大特征，同时表现出较强的区域性，具有较高的进入和退出壁垒。电力行业集中度较高，主要表现在投资建设发电厂的金额要求巨大，投资额动辄几十亿元，甚至上百亿元；发电设备的专用性很强，设施一旦建成便不能移作他用，如果没有长期稳定的供电合同和燃料供应合同，发电厂的投资风险较大；由于电力企业属于公用事业，该行业宏观经济敏感性较低，电力价格受到国家管控，行业在经济景气、供需紧张时也无法上调价格，价格不能自由调整；但同时电力需求受经济影响非常大，宏观经济增速较快时，下游用电需求增长能够带动电力行业发展，宏观经济增速放缓时，下游用电需求下降，则不利于电力行业的发展。此外，环境保护制度愈加严格，建造发电厂的审批难度日益增加，因此，具有较强的设计研发能力和资本实力的企业才能在行业里占据一席之地。

电力生产行业虽是强垄断性行业，但其受区域经济发展的影响较大，在不同区域的电力企业体现出不同的信用风险特征。电力生产企业的市场需求与地方经济发展状况有较强的正相关性，与宏观经济的增速及煤炭、钢材、水泥等产品需求量和相关行业企业扩充产能意愿成正比。因此，如何准确度量电力生产企业的信用风险，并从中挖掘出对主体信用风险产生关键性作用的要素，对及时有效监测电力生产企业的信用风险、帮助行业优质主体扩展融资渠道缩短融资时间、协助投资者快速便捷地识别行业内优质企业等方面，均有重大而深远的意义。

具体研究方面，电力行业的样本上，我们将反映经营情况的“装机容量”指标加入模型中，但该指标的数据来源仅为评级矩阵底稿，无法从 Wind 中下载全部电力生产行业主体的“装机容量”指标，因此，研究样本仅能选取电力生产行业主体，且该指标在 2015—2017 年的数据完整性较好，而在2018年、2019年存在一定的数据缺失。此外，为避免使用单独某一年的财务和经营数据出现的波动对模型结果产生影响，考虑选取连续多年指标数据进行平滑处理，但主体可能在多年期间内出现级别调整的情况。综合考虑以上两方面情况，选取连续3年（2015—2017年）主体级别没有变化且指标数据完备的样本，共计36家电力生产企业。指标方面，根据电力生产行业的信用风险特征，从经营情况、偿债环境、财富创造能力、偿债来源及负债平衡等方面汇总可能影响电力生产行业主体信用评级的因子，共计16个指标。

通过聚类分析，按指标重要性从高到低选取装机容量、营业收入和净利润三个指标作为电力生产行业信用评级的关键要素。通过Softmax模型使用上述行业关键要素进行分类预测，并与实际级别进行比较的结果来看，基于分位数标准化数据的电力生产行业三要素模型分类准确度为83.33%。其中，对于AAA和AA+级别企业的分类效果较为理想，AA+级别企业的分类准确率达到了100%，AAA级别企业的分类准确率也达到了95%以上，仅有其中一个主体的评级被低估为AA+。整体来看，该结果可以说明多分类Softmax模型对电力生产行业关键要素识别的准确率较高，计算的样本在各信用级别内的分布概率可信度高，计算的Softmax期望得分可以有效地作为36家电力生产企业信用评级高低的排序依据。净利润、装机容量和营业收入对电力生产行业的信用风险识别能力较好。通过多分类 Softmax 模型挖掘出的关键要素，能够帮助投资者更加方便地对公开市场上无评级的企业进行级别判断，也可以帮助评级机构在企业提供的原始数据受限的情况下，得到较为准确的级别判定，同时简化的财务或经营指标能够使得评级机构对受评主体进行更为及时、迅速的动态追踪，在信用风险分析和预警方面意义重大。

二、房地产行业

房地产行业，是指房地产企业通过开发、出售或售租结合等方式，将房屋提供给使用者的商业性服务产业。房地产业务收入包括从事普通住宅地产、产业地产及其他房地产所取得的收入，其中纯房地产出租的企业不在范围之内。2014—2020 年中国房地产开发投资额不断增长，2020 年中国房地产开发投资额为 141443 亿元，其中住宅开发投资额为 104446 亿元，办公楼开发投资额为 6496 亿元，商业营业用房开发投资额为 13076 亿元。

作为特殊商品，房地产具有的特征一是开发周期长，二是投资金额大。房地产行业在国民经济体系中的基础性地位决定了它对宏观经济运行稳定的重要影响，房地产开发企业的运营模式和经营风险受制于国家对房地产行业的法律制度和调控措施。从历史情况来看，政策是影响房地产行业发展的十分重要的因素。国家除通过具体产业政策影响行业外，还可以通过土地制度、法律制度、财政政策与货币政策来调控行业发展。中国房地产市场面临的常态主要是调控，其中涉及信贷政策、金融利率、税收、公积金、住房结构以及土地政策等诸多方面，直接或间接对房地产行业发展产生影响，因此，能够把握政策方向，快速适应政策变化，应对突发事件能力强的公司信用水平将更加稳定。

近年来，我国政府对房地产行业实施了严厉的调控政策，行业景气度呈下降趋势，房地产投资增速也下滑明显，市场对房地产业的状况及信用评级展望也高度关注。因此，准确度量地产企业的信用风险，及时有效地从中挖掘出关键要素，对企业风险治理、投资者制定投资决策等方面均有重大而深远的意义。

具体研究方面，地产行业的样本上，为避免使用单独某一年的财务和经营数据出现的波动对模型结果产生影响，考虑选取连续多年指标数据进行平滑处理，但主体可能在多年期间内出现级别调整的情况，因此，需对主体加以筛选以确保同主体样本级别的一致性，选取连续 3 年（2017—2019 年）主体级别没有变化且指标数据完备的样本，共计 56 家地产企业。指标方面，根据地产行业的信用风险特征，从偿债环境、财富创造能力、偿债来源及负债平衡等方面汇总可能影响地产行业主体信用评级的因子，共计 57 个指标。

进一步通过聚类分析，按指标重要性从高到低选取净资产、净利润、营业收入和营业成本四个指标作为地产行业信用评级的关键要素。通过 Softmax 模型使用上述行业关键要素进行分类预测，并与实际级别进行比较的结果来看，基于分位数标准化数据的地产行业关键要素模型分类准确度为 75%。其中，对于 AAA 和 AA 级别企业的分类效果较为理想，AA 级别企业的分类准确率达到了 100%，AAA 级别企业的分类准确率也达到了 93.75%，仅有一个主体的评级被低估为 AA；对于 AA + 级别企业的分类准确率较低，主要原因是原始 AA + 样本数目偏少所导致。

三、城投行业

城投行业一般是企业代表地方政府进行基础设施和公用事业的投资和运营，即交通、供水供电、文化教育等市政公用工程设施和公共生活服务设施。因此，城投行业的重要性不言而喻，其业务是一切企业、单位和居民生活工作学习等日常活动的物质基础，是城市得以正常运作向前发展的重要保障。而且，城投行业具有不可估量的“乘数效应”，即能带来几倍于投资额的社会建设回报。其股权结构、业务和财务往来与地方政府关联紧密。城投企业所承建的项目多数是由政府委托，项目收入来源主要为相关的政府部门。城投企业普遍具有盈利能力很弱、企业信用与地方政府信用密切相关等特点。

城投行业与中国的财政体制改革有着极大的关联，在改革开放的十年内，中国的财政体制依旧沿用计划经济时代的统收统支制度，项目的建设资金主要依靠政府的拨款。在随后的时间里，中国的财政体制逐步向财政分权体制过渡，并在同年颁布了《预算法》。《预算法》的颁布使得政府无法直接成为融资的主体，基于对新融资方式的迫切需求，衍生出城投公司。城投公司的注册资本皆来源于当地政府，但其又具备独立法人资格，成为法律上的债务承担主体。地方政府则通过划拨土地、股权等方式为城投企业注入初始资本，而城投公司依此完成银行融资等工作。

由于城市基础建设种类繁多，政府按照企业所负责的主营业务将其划分为土地开发整理类、城市建设投资类、交通运输投资类、国有资产管理类。城投企业由于产生背景的特殊性颇具风险，城投企业主要承担政府公益性项目，大部分项目是社会效益重于经济效益，因此，很多城投企业资产负债率高、资产利润率低，项目自身无现金流或现金流不足，不能满足偿债需要。城投企业自产生以来，每一次运作模式的改变都与政策的变动高度相关，政策调整对城投企业融资能力产生重大影响，导致平台信用风险产生变化。因此，对城市基础设施建设投融资企业信用评级显得尤为重要，若没有引起地方政府的足够重视，将成为未来爆发地方政府信用危机的重要原因。评级人需要依据国家政策及法律的变动，检测城投企业在出资、人事、融资使用、业务与财务（应收应付、BT 协议合同等）、债务偿付责任等相关指标，计算评估出城投企业所对应等级。

实际操作中，在对城投行业关键要素识别时，为避免使用单独某一年的财务和经营数据出现的波动对模型结果产生影响，考虑选取连续多年指标数据进行平滑处理，但主体可能在多年期间内出现级别调整的情况，因此，需对主体加以筛选以确保同主体样本级别的一致性；此外，各地政府披露的一般预算收入和 GDP 数据的最小行政区划为地市级，且考虑城投主体所处地区的经济指标对主体风险影响较大。综合考虑以上两方面情况，选取连续 3 年（2017—2019 年）主体级别没有变化且指标数据完备的样本，共计 139 家地市级城投企业。指标方面，根据地市级城投行业的信用风险特征，从宏观经济、偿债环境、财富创造能力、偿债来源及负债平衡等方面汇总可能影响城投行业主体信用评级的因子，共计 61 个指标。

通过聚类分析，按指标重要性从高到低选取公共预算收入、GDP、总资产和营业收入四个指标作为城投行业信用评级的关键要素。通过 Softmax 模型使用上述行业关键要素进行分类预测，并与实际级别进行比较的结果来看，基于分位数标准化数据的城投行业关键要素模型分类准确度为 77.70%。其中对于 AA 级别企业的分类准确率较为理想，达到了 90.67%，对于 AA+ 和 AAA 级别企业的分类准确率较低，均不足 70%，主要原因是选取的 139 个主体样本在各级别间的分布并不均匀，且模型样本预测属于 AA+ 和 AAA 级别主体的概率较为接近，一定程度上影响了模型的拟合效果。

四、模型未来改进方向

通过以上测算，基于 Softmax 的行业关键要素模型能够有效提取对行业信用风险产生主要影响的核心指标，但模型对于行业内主体的部分级别分类准确率较低，后续拟通过以下两方面措施进一步扩充模型的样本量和学习样本的数目，实现模型拟合准确率的提升。

一是将城投行业的样本主体拓展到区县级和园区级。根据区县级和园区级城投主体所属地区的上一层地市级行政区划，与各地政府披露的地市级一般预算收入和 GDP 数据进行对应，构建出影响区县级和园区级城投主体政府支持力度的区域经济指标，以替代实际区县和园区级政府的一般预算收入和 GDP 数据。

二是将连续多年期间级别发生变动的主体样本加入模型中。目前模型拟合中为消除指标波动对结果的影响，仅选取了连续多年评级未调整的主体作为学习样本，大大限制了行业内主体样本的个数，且使得学习样本在不同级别间的分布不均匀，对行业特征的抓取产生影响。后续可调整指标的平滑方式，分年对样本进行拟合，通过对 Softmax 模型预测未来各级别分布的概率进行综合处理，提升模型拟合精度。

第七章　债券组合指数的构建与风险管理

第一节　研究意义和目标

统计指数（以下简称“指数”）是以数量剖析社会经济现象变化的一种重要统计方法。指数可以综合反映一定时期内被统计对象的发展走势，包括变动方向和程度，也可以通过整体发展走势探究影响被统计对象各个因素的变化方向和程度。按照指数反映现象的范围不同，可分为反映单个指标数量变动的指数（个体指数）和综合反映多个个体总体数量变动的指数（总体数量指数或总指数）。按照指数编制时采用的基期不同，可分为以固定时间点为基期的指数（定基指数）和以考察期上一期为基期的指数

(环比指数)。

我国在债券指数方面起步较晚,20 世纪 80 年代初,随着我国机构投资者对债券市场投资需求的增加,亟须可以作为衡量债券投资组合收益高低的基准,由此产生了债券指数。尽管国内债券指数经历几十年的发展,已经积累了丰富的经验,但鉴于我国债券市场仍处于发展阶段,债券指数的编制存在较多弱点。首先,我国债券市场种类相对单一,与美国等成熟市场相比,在产品设计上有很大发展空间。其次,我国债券市场流动性较低,与高流动性的股票市场相比,债券指数连续性较差。另外,相比于权益市场指数型产品的广泛应用,债券相关的指数型产品发展较为局限。

本章节基于债券指数型产品的发展现状,在债券信用风险预警模型的研究基础上,进一步开发相关指数型产品。如前所述,预警模型中已构建四类风险因子,通过 Logistic 回归能够得到每只债券每天的综合信用风险水平(即违约风险概率),接下来,分别从债券和主体角度,构建发行期限、行业和地区等维度信用风险指数。

第二节 研究方法

一、指数样本的选取

（一）样本空间

债券和主体信用风险指数的样本空间由满足以下条件的债券构成：

债券种类：纳入在沪深交易所或银行间市场上市的短期融资券、中期票据、企业债、公司债以及金融债（剔除政策性银行债）等债券品种，剔除私募品种，债券币种为人民币；

信用评级：各信用等级债券；

期限结构：全部期限债券。国际上，债券指数一般剔除剩余期限不足一年的债券以及交易量较小的债券，但考虑到国内债券市场特征，本书所编制债券指数覆盖全部期限存量债券；

付息方式：固定利率付息或一次还本付息，剔除浮动利率债券。不纳入浮动利率债券主要有两方面原因：第一，难以衡量浮动利率债券收益，该类债券收益存在较大的不确定性；第二，历史研究表明浮动利率成分债券对指数走势影响较大。

（二）选样方法

基于上述样本空间形成全样本，并在此基础上，对样本数据打标签，进一步细分维度。从债券角度来看，以债券发行期限、所属行业或地区为标签，计算不同维度信用风险指数，将不同发行期限、行业或地区所有存量债券的违约风险概率作为样本，根据流通市值进行加权处理，构建债券信用风险指数，从而跟踪特定发行期限、行业或地区内的债券信用风险发展趋势。从主体角度来看，以主体所在行业或地区为标签，计算不同维度信用风险指数，各主体选用相关债券信用风险概率最大值作为主体违约风险概率，根据流通市值进行加权处理，构建主体信用风险指数，从而跟踪特定行业或地区内的主体信用风险发展趋势。

二、指数样本和权重调整

（一）定期调整

目前，市场上比较常见的指数样本调整方法为季度调整，定期调整生效日分别为每年 1 月、4 月、7 月和 10 月的首个交易日。

权重因子随样本调整周期进行调整，即调整日为每年 1 月、4 月、7 月和 10 月的首个交易日。在相邻两个定期调整日之间，权重因子保持固定不变。

（二）临时调整

若发生样本券摘牌等事件，一般在事件生效之日将相关样本剔除出指数。

三、指数权重及计算方法

（一）加权方法

债券指数中常见的加权方法是以债券发行规模或剩余发行规模为权数。债券发行规模是指发行日债券总规模，随着债券付息，债券剩余发行规模不断减少。以发行规模为权数的指数，单只债券对于指数值的影响与其发行规模占当期债券发行总规模的比重有关，而以剩余发行规模为权数的指数，单只债券对于指数值的影响通常随着期数的推移而不断减少，直至摘牌时权数降为零。

（二）被加权对象

市场上的债券指数通常是反映债券市场价格总体走势的指标体系，与股票指数类似，债券指数反映了当前市场的平均价格相对于基期市场平均价格的位置。因此，债券指数的被加权对象通常有三类：全价、净价和财富值。

1. 全价指数

多数债券定期付息，利息收入可以均摊到持有债券的每一天。相邻两个付息日之间累积的债券利息作为该时间段期末的应付利息，债券净价与以交易当日为期末的应付利息之和作为债券全价。基于债券全价变动的加权平均数计算得到全价指数。

2. 净价指数

基于债券净价变动的加权平均数计算得到净价指数。

3. 财富指数

财富指数是在前述债券全价的基础上考虑由债券利息带来的现金流，即再投资收益，经加权后得到的。

以上三类被加权对象侧重反映债券收益率或价格的变动情况，本章实证应用部分将更侧重于信用风险水平的衡量，被加权对象采用度量信用风险发生可能性的信用风险预警概率值。

（三）计算方法

目前，市场上全价、净价和财富指数的计算公式多采用以下形式：

$$报告期指数 = \frac{报告期样本债券总市值 + 报告期债券派息}{除数} \times 100$$

其中，报告期样本债券总市值 = Σ（全价 × 发行量 × 权重因子），全价 = 净价 + 应计利息，权重因子介于 0 和 1 之间，且单一发行人权重不超过 10%。

四、指数及其产品近年的发展趋势和方向

（一）Smart Beta 策略

1. 定义

Beta 是衡量一只股票对整体股票市场走势敏感度的指标。标普 500 指数的 Beta 值表示为 1.0，而单个股票的 Beta 是基于它与指数 Beta 相关的表现，Beta 为 1.0 的股票表明它与标普 500 指数同步上涨。

Smart Beta 是相对于传统贝塔系数的概念，是一种增强的索引策略，旨在利用某些价值因子尝试超越基准指数，即以追求更高的风险调整收益为目标的一种介于主动与被动之间的投资模式。

2. 固定收益 Smart Beta 策略

Smart Beta 策略总体上分为两种：一是通过因子暴露，在长期中获得战胜基准指数的风险溢价；二是通过改变指数构成的加权方法，实现分散化或对非理想特征的权重纠偏。

首先，与度量风险资产相对于整个市场的敏感性的传统贝塔系数不同，Smart Beta 是一种衡量风险资产相对于市场因子敏感性的统计量。在实际操作中，大多数 Smart Beta 策略的研发基础是因子投资，该类投资策略的收益来源是有效的因子敞口暴露所产生的长期风险溢价。

其次，与传统市值加权方法的指数编制规则有别，Smart Beta 基于风险角度对证券选择和加权方法等重要元素进行优化。可以说，目前固定收益 Smart Beta 策略主要采用的是此类方法，使新构建的指数不再如传统基准指数那样偏向大市值的个券，而是更偏向投资者理想的特性，其中现有的策略中又以基本面加权方法最为主流。例如，对于公司债券，可以借鉴股票投资中的基本面指标如现金流、股息率等进行加权。在实际操作中，Smart Beta 策略往往可以达到分散风险或对非理想特征进行权重纠偏的目的。

相较于 Smart Beta 在权益市场的广泛应用和拓展，固定收益 Smart Beta 策略无论是在研发还是在机构投资者的应用上都处于初级起步阶段，展望未来，该策略将有较大的发展前景和应用价值。

（二）产业与概念指数

1. ESG 概念指数

（1）ESG 产品发展现状。

ESG 是环境（Environment）、社会责任（Social Responsibility）、公司治理（Corporate Governance）的标准，这些标准可能会影响公司执行其商业战略和长期创造价值的能力。综合而言，ESG 均指向环境、社会和公司治理层面的非财务信息，并且这些信息可以降低投资风险或增加阿尔法。根据 Wind 的数据统计，2020 年 6 月 30 日，中国共有 117 只 ESG 投资基金，合计规模约为 1025 亿元，其中包括 4 只 ESG ETF 基金，合计规模为 33.42 亿元。

在资产类型上，国内发行 ESG 产品以权益类产品为主。无论是观察 ESG 产品历史发展过程，还是分析较为成熟的美国 ESG 产品市场，权益类产品均为 ESG 产品的主流。与此同时，相对于债券而言，股票的信息披露更加透明和迅速，在 ESG 信息披露不够完善的国内市场，权益类产品相对而言更具优势。

在产品标的选择方式上，存在自上而下和自下而上两种方法。自上而下方面，对于被动型产品，可以跟踪 ESG 相关概念的指数。这种方法要求国内市场 ESG 概念指数发展较为成熟，目前沪深交易所均有关于 ESG 的相关指数；此外，可以选定一个宽基指数，并采用负向排除的方法，剔除不符合 ESG 概念的标的优选投资组合。自下而上方面，根据 ESG 的标准量化公司的各项指标，结合对应指标对所有上市公司进行打分排序，最后优选标的。这个方法要求上市公司具有较为统一和完善的 ESG 信息披露标准。

（2）ESG 指数编制方案。

①上证 180 公司治理指数。

根据上海证券交易所、中证指数有限公司发布的《上证 180 公司治理指数编制方案》，该指数从上证 180 指数与上证公司治理指数样本股中选取 100 只规模大、流动性好的股票为成分股，权数采用自由流通市值占比。

该指数的选样方法为：

一是根据上证 180 指数选样方法对样本内股票进行综合排名；

二是从上证 180 指数与上证公司治理指数样本股的交集中选取综合排名前 100 名的股票作为上证 180 公司治理指数样本股。当交集中的股票数量少于 100 只时，选取上证公司治理指数中综合排名最高的非交集股票补足。

②上证社会责任指数。

根据上海证券交易所、中证指数有限公司发布的《上证社会责任指数编制方案》，该指数从上证公司治理板块中选取在社会责任履行方面表现良好的 100 只股票作为成分股，权数采用自由流通市值占比。

该指数的选样方法为：

一是将样本空间内的股票按照最近一年（新股为上市以来）的 A 股日均成交金额由高到低排名，剔除排名后 20%的股票；

二是根据上海证券交易所 2008 年 5 月发布的《关于加强上市公司社会责任承担工作的通知》中关于“每股社会贡献值”的定义，将剩下的股票按照“每股社会贡献值”由高到低进行排名，选取排名在前 100 名的股票作为指数样本。

③中证环保产业指数。

根据中证指数有限公司发布的《中证环保产业指数编制方案》，该指数从中证全指样本股中选取在资源管理、清洁技术和产品、污染管理领域业务收入占比超过 25%的 100 只股票作为成分股。中证环保产业指数旨在反映环保产业相关上市公司的整体表现。

该指数的选样方法为：

一是将样本空间内的股票按照最近一年（新股为上市以来）的 A 股日均成交金额由高到低排名，剔除排名后 20%

的股票；

二是从样本空间的剩余股票中选取最近一个会计年度在以下业务中的收入占比超过25%的上市公司作为环保产业主题：

资源管理：为供水、可回收利用材料、可再生能源、清洁能源发电、能源节约与管理、能源转换及存储等活动提供生产设备、技术、特殊材料、服务、建筑与安装的业务；

清洁技术和产品：为清洁能源、资源提效技术、过程和产品提供生产设备、技术、特殊材料、建筑与安装的业务；

污染管理：为空气污染防治、废水管理、固体废弃管理、消除噪声、环境监测、数据收集等活动提供生产设备、特殊材料、建筑与安装的业务；

三是将剩余股票按照最近一年日均总市值由高到低进行排名，选取排名前100的股票作为指数样本。

④中证财通中国可持续发展100指数。

根据中证指数有限公司发布的《中证财通中国可持续发展100（ECPI ESG）指数编制方案》，该指数以沪深300指数作为样本空间，基于可持续发展评估模型选取可持续发展评分最高的100家上市公司股票作为成分股。中证财通中国可持续发展100指数旨在反映符合可持续发展投资理念的A股上市公司的整体表现，权数采用自由流通市值占比。

该指数的选样方法为：

一是从产业政策、特殊行业、财务问题、负面事件、违法违规以及特殊处理六个方面剔除在样本空间内不符合资质的股票；

二是将剩余股票从企业目标（包括价值驱动、战略驱动、业务驱动）、企业创新（包括技术创新、模式创新、管理创新）和企业效益（包括经济贡献、社会贡献、环境贡献）三个维度进行可持续发展评估，并选取评分最高的100只股票作为指数样本股。

2. 碳中和概念指数

（1）碳中和债券。

碳中和是指某个地区在一定时间内（一般指一年）人为活动直接和间接排放的二氧化碳，与其通过植树造林等吸收的二氧化碳相互抵消，实现二氧化碳“净零排放”。作为绿色债务融资工具的子品种，碳中和债主要指募集资金专项用于具有碳减排效益的绿色项目的债务融资工具，即募集资金专项用于清洁能源、清洁交通、绿色建筑等低碳减排领域。

（2）碳中和指数编制方案。

①上海清算所碳中和债券指数。

根据上海清算所发布的《上海清算所碳中和债券指数编制方案》，该指数以募集资金用途符合国内外主要绿色债券标准指南并具备碳减排效益，符合碳中和目标的公开募集债券为样本券，跟踪其价格走势，该指数可作为投资碳中和债券的业绩比较基准和投资标的，权数采用自由流通市值占比。

该指数的选样方法为：

一是募集资金用途符合《绿色债券支持项目目录》《绿色债券发行指引》《绿色产业指导目录》《绿色债券原则》《气候债券标准》等国内外主要绿色债券标准指南中绿色低碳产业项目要求，具备碳减排效益，符合碳中和目标；

二是优先选取合理的债券报价或成交数据，若不存在此类数据则使用债券估值价。

②中债－碳中和绿色债券指数。

根据中债金融估值中心有限公司发布的《中债－碳中和绿色债券指数编制方案》，该指数隶属于中债绿色系列债券指数族系，成分券由在境内公开发行上市流通的碳中和绿色债券组成，可作为投资该类债券的业绩比较基准和投资跟踪标的，权数采用自由流通市值占比。

该指数的选样方法为：

一是绿色企业债、绿色金融债券、非金融机构绿色债务融资工具、绿色公司债券等募集资金专项用于具有碳减排效益的绿色项目的债券，不包含资产支持证券；

二是以中债估值为参考（价格偏离度参数为 0.1%），

优先选取合理的最优市场价格，若无则直接采用中债估值。指数成分券中，不同场所流通的同一只券作为不同券处理。

五、ESG概念指数

ESG投资，又称“可持续投资”，旨在寻求对环境、社会和企业治理有长期影响并且可以获取正向收益的长期价值投资。在实际应用中，各机构对ESG的定义存在差别，但其核心均指向环境、社会和公司治理层面的非财务信息，这些信息可以降低投资风险或增加阿尔法。当前，随着ESG概念的兴起及发展，在具有较为统一和完善的ESG评估方法和信息披露标准的前提下，预计ESG产品将有较大的增长前景及机会。下面介绍几种不同优选维度的ESG指数：

（一）ESG行业与地区指数（流通市值×ESG评分）

ESG行业与地区指数旨在以某一行业或者某一地区所有企业的ESG评分作为样本，根据流通市值进行加权构建ESG指数，从而跟踪特定行业与地区内的ESG水平发展趋势。

具体做法为：将企业按照行业、地区等多个维度构建子组合并进行分类，按流通市值对组合内企业的ESG评分进行加权，构建“ESG 行业与地区指数”。与全市场相比，该指数能够反映特定行业与地区的 ESG 整体表现，增强行业与地区内的横向对比度，从而帮助投资者在投资标的选择上充分考虑该企业所属行业与地区的 ESG 水平，使得该指数的应用更加契合实际。

该指数刻画了行业与地区整体 ESG 的水平及变化情况，但更新频率与 ESG 评分的更新频率同步、周期较长，故适合于投研类辅助分析指标，不建议作为投资和跟踪标的。

（二）ESG 行业与地区优选指数（流通市值×收益率）

ESG 行业与地区优选指数旨在选取某一行业或者某一地区内 ESG 评分较好的优选企业作为样本，根据流通市值进行加权计算，从而反映出指定行业或地区内 ESG 优选投资标的的历史收益表现特征。

具体做法为：采用主动优选方法，即不仅关注投资标的的内在价值，同时也将环境、社会和公司治理三个因素纳入考虑范围，通过对行业或地区内全部企业按 ESG、成长、盈利等多个基本面和风格因子排序，选取总排名靠前的公司构建优选投资组合；进一步，对组合内企业的收益率按照流通市值进行加权，构建“ESG 行业与地区优选指数”。同行业与地区标的的整体表现相比，该指数能够反映出特定行业或地区内 ESG 等基本面风格因子较为突出的主体历史收益率表现情况，识别与 ESG 因素相关的潜在风险和机会，在行业或地区横向对比基础上增强组合的收益特征，并帮助投资者在行业或地区内筛选 ESG 等基本面和风格更优质的标的。

该指数强调某个行业或地区内对组合标的筛选的收益增强效果，更新频率与标的收益率计算周期一致、时效性强，样本券筛选周期与 ESG 评分数据的更新频率同步，可作为行业和地区投资组合的替代及收益跟踪的指数产品。

（三）ESG Smart Beta 策略指数（ESG 评分×收益率）

ESG Smart Beta 策略指数旨在通过对该指数进行跟踪，进而构建被动型基金产品（ETF），是一种追求经风险调整后更高收益为目标的指数化被动投资。发展此类产品的重点在于跟踪的 ESG 指数构建方法，主要涉及选择标的和加权方式两方面内容。

具体做法为：ESG Smart Beta 策略指数在样本的选择范围上是基于宽基指数进行负向排除，即根据特定的 ESG 标准将宽基指数组合中的某些行业和公司剔除，例如，排除武器、化石能源或烟草等相关标的。此外，传统市值加权方法的缺陷在宽基指数中表现尤为突出，组合的收益率受标的规模及权重的影响较大，ESG Smart Beta 策略指数引用 ESG 评分对组合标的的收益率进行加权，使指数不再如传统基准指数那样偏向大市值标的，能够更好地分散组合风险。目前，针对债券标的的 Smart Beta 指数数目极少，且加权因子均为利差，根据上述方法新构建的 ESG Smart Beta 策略指数与宽基指数相比，能够更加突出宽基成分优选后的组合在 ESG 因子特征下的收益表现，填补用基本面因子加权债券构建指数的空白，并作为指数化投资的标的进一步发行 ETF 基金产品，帮助投资者在全市场内构建 ESG 等基本面或风格特征更明确更优质的主题投资组合。

该指数强调在宽基指数成分基础上对标的筛选及权重调整后的收益增强效果，更新频率与标的收益率计算周期一致、时效性强，样本券筛选周期与 ESG 评分等基本面因子的更新频率同步，可作为主题指数投资产品的优化和升级。

六、指数化投资现状与发展方向

（一）债券指数产品市场现状

2011 年，我国成立了第一只真正的债券指数基金，初始规模为 1.2 亿美元，跟踪 Markit 指数公司编制发布的 iBoxx 亚债中国指数，样本空间由国债、政策性金融债及超 AAA 的信用债构成。我国第一只债券 ETF 基金在 2013 年成立，样本是 5 年期国债，募集资金 86 亿元。

2020 年，境内债券指数产品市场进一步扩容，全年新发产品 68 只，规模合计 1772 亿元，其中，债券 ETF 6 只，规模约 51 亿元。截至 2020 年年底，债券指数产品共 157 只，规模约 4115 亿元，其中被动指数型债券基金 156 只，增强指数型债券基金 1 只。

从国内目前存量的债券指数基金情况来看，债券指数基金呈现以下特点：一是多受税收优惠政策影响，债券指数基金持有人主要是机构客户，比如银行投资者；二是由于债券指数编制方法公开，相关基金的底层资产透明；三是债券指数基金主要以政金债指数基金为主，与成熟市场相比，种类相对单一。

（二）指数化投资发展方向

目前，国内债券投资仍然以主动管理为主要方式，固定收益被动型投资的发展程度远低于权益类被动投资。由于国内债券流动性较差的原因，债券被动投资长期面临着难以进行成分券有效买卖以复制指数的问题，债券指数多数情况下局限于作为业绩分析基准。

指数型产品是国内固定收益相关产品的未来发展方向。一方面，随着国内信用债违约常态化，指数投资能够通过分散投资，避免持仓集中而导致组合承担过大的单一违约风险；另一方面，在资管新规打破刚兑、非标规模压缩、产品净值化管理的新形势下，若要维持数千亿甚至上万亿元的固收管理规模，仅仅通过投研人员的主动管理维持将显得捉襟见肘。因此，指数化产品是提升资产管理规模、降低管理成本以及实践量化投资策略的重要工具。

第三节　研究优势与创新点

本部分研究的优势与创新点主要表现在以下两个方面：

第一，由于风险指数基于债券估值因子，可以实现债券预警模型结果的直观展示，在指数样本和权重的调整上，可以根据实际需要进行定期调整。预期以估值预警模型为基础的行业和地区债券及主体信用风险指数能够更好地跟踪特定行业和地区内的信用风险趋势，提升指数的预警能力，增强指数在潜在信用风险揭示方面的精确度与时效性，使得编制信用风险指数的应用意义更加契合实际。

第二，本章实证案例中介绍的指数强调某个行业和地区对组合标的筛选的收益增强效果，更新频率与标的收益率计算周期一致、时效性强，样本券筛选周期与个券违约风险概率数据的更新频率同步，可作为行业和地区投资组合的替代及收益跟踪的指数产品。与全市场相比，该指数能够反映特定行业和地区的信用风险整体表现，增强行业和地区内的横向对比度，从而帮助投资者在投资标的选择上能够充分考虑该企业所属行业和地区的风险水平，使得该指数的应用意义更加契合实际。

第四节　实证应用

基于债券指数型产品的发展现状，在债券信用风险预警模型的研究基础上，拟进一步开发相关指数型产品。经过前章节的深入探索，预警模型中已构建四类风险因子，通过 Logistic 回归能够得到每只债券每天的综合信用风险水平（即违约风险概率），接下来将根据模型结果，以 A 评级机构所评客户为样本，分别从债券角度和主体角度，衍生形成按照不同期限结构、所属行业和地区划分的信用风险指数。

一、特定债券组合信用风险指数的计算与分析

在编制不同维度债券信用风险指数之前，我们要先构建一个覆盖全样本的债券信用风险指数作为子样本指数的比较基准，全样本债券信用风险指数的构建方法如下：

首先，以债券信用风险预警模型得到各债券每日风险预警概率，以发行规模加权的债券预警概率作为每日全样本债券总信用风险预警概率，每日债券总信用风险预警概率计算公式如下：

$$Risk\ Probability_{scale-weighted\ average,t} = \sum \left(\frac{Scale_j}{\sum_{j=1}^{n} Scale_j} \right) \times Risk\ Probability_{j,t}$$

其中，$Risk\ Probability_{scale-weighted\ average,t}$表示第 t 日的全样本债券风险预警概率，$Risk\ Probability_{j,t}$表示债券 j 在第 t 日的风险预警概率，$Scale_j$表示债券 j 发行规模，$\frac{Scale_j}{\sum_{j=1}^{n} Scale_j}$表示债券 j 的发行规模占全样本债券总发行规模的比重。

而后，对每日债券总信用风险预警概率取自然对数。做对数变换不会改变原先数据的相对关系，即在时间序列中保证了每日债券总信用风险概率相对高低不会改变，但可以缩小数据的绝对数值，降低所得指数结果的波动幅度，提升指数稳定性。

基于对数变换后的每日债券总信用风险概率值，以 2020 年 1 月 3 日作为基期（指数值 100），计算 2020 年 1 月至 2021 年 7 月的全样本债券信用风险指数：

$$报告期指数 = \frac{\ln(上期风险预警概率)}{\ln(本期风险预警概率)} \times 上期风险指数$$

从计算方法可得，该指数的值与样本债券信用风险水平呈正向变动关系，即全样本债券信用风险指数越高，则表明样本债券信用风险水平越高；全样本债券信用风险指数越低，样本债券信用风险水平越低。

从A评级机构所评全样本债券信用风险指数走势来看，如图7-1所示，指数集中攀升的时间区间在2020年11月至2021年3月；该时间段内，有多只企业相关债券发生违约：华晨汽车集团控股有限公司、宁夏远高实业集团有限公司、福建福晟集团有限公司、海口美兰国际机场有限责任公司与华夏幸福基业股份有限公司。自2021年3月起，全样本债券信用风险指数呈下降趋势，信用风险水平也降低。

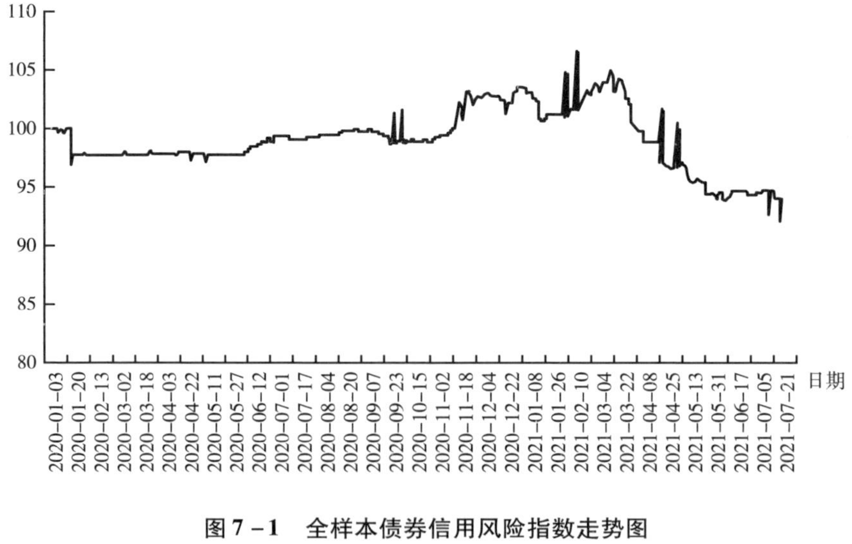

图7-1　全样本债券信用风险指数走势图

下面依次将发行期限、所属行业和地区作为各债券统计标签，进一步细分债券信用风险总指数。为保证总指数与子样本指数间存在可比性，信用风险子样本指数基期均设定为2020年1月3日，债券维度期限结构、行业和地区风险指数的基期指数值由2020年1月3日某期限结构、行业和地区的债券信用风险预警概率自然对数锚定全样本债券基期信用风险预警概率自然对数值计算得到。由于样本数据均来源于A评级机构所评债券，因此，各细分维度信用风险指数图线走势特征与A评级机构客户资质差异有较高的相关性。

（一）按发行期限构建债券维度信用风险指数

以不同发行期限（0—1年、1—3年、3—5年、5—7年，左开右闭区间）为标签，分别计算各发行期限内以债券发行规模加权的债券信用风险指数。我们将0—1年期定义为短期、1—3年期为中短期、3—5年期为中长期、5—7年期为长期。

为保证总指数与子样本指数间存在可比性，信用风险子样本指数基期均设定为2020年1月3日，不同发行期限信用风险指数的基期指数值由2020年1月3日某发行期限的债券信用风险预警概率自然对数锚定全样本债券基期信用风险预警概率自然对数值计算得到。

表7－1列示了全样本与各期限债券信用风险指数在考察期内的平均值与标准差。平均值方面，考察期内全样本债券信用风险指数平均值为99.02，1年期以下（短期）和5—7年期（长期）受评债券信用风险指数平均值低于全样本债券信用风险水平，1—3年期（中短期）和3—5年期（中长期）债券信用风险指数平均值高于全样本债券信用风险水平，表明A评级机构所评中短期和长期债券信用风险较低，而中长期债券信用风险偏高；标准差方面，考察期内全样本债券信用风险指数标准差为2.6014，3—5年期债券信用风险指数标准差最低，1年期以下债券信用风险指数标准差最高，表明A评级机构所评中长期债券信用风险水平波动较小，短期债券信用风险水平波动程度最高。

表7－1　各发行期限债券维度信用风险指数描述性统计

债券期限	平均值	标准差
全样本	99.02	2.6014
1年期以下	85.94	7.7617
1—3年期	125.27	7.6777
3—5年期	101.25	2.9465
5—7年期	95.32	3.8842

从各期限债券信用风险指数走势图来看，如图7－2所示，在考察期内，由于期限较短，1年期以下短期债券信

用风险指数普遍低于全样本债券信用风险指数值（基准）；在6月中旬到7月中旬之间，1年期以下债券信用风险指数明显偏高；1—3年期的中短期债券信用风险指数普遍高于全样本债券信用风险指数值；3—5年期中长期和5—7年期长期债券信用风险指数走势平稳，信用风险无明显变化。

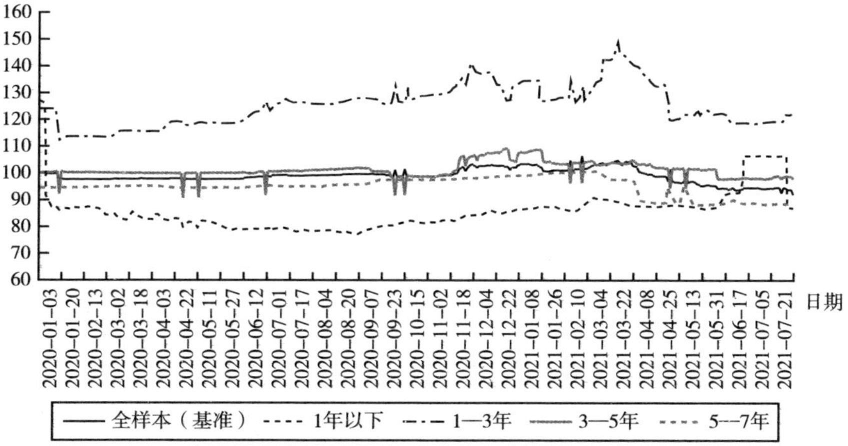

图7－2 不同期限债券信用风险指数走势图

（二）按所属行业构建债券维度信用风险指数

以Wind一级行业分类（10个）为标签，分别计算各行业内以债券发行规模加权的各行业债券信用风险指数。主体所属的行业按照Wind一级行业进行分类，分为工业、房地产、信息技术、金融、材料、可选消费、能源、公用事业、日常消费、医疗保健共10类行业。

为保证总指数与子样本指数间存在可比性，信用风险子样本指数基期均设定为2020年1月3日，不同行业信用风险指数的基期指数值由2020年1月3日某行业的债券信用风险预警概率自然对数锚定全样本债券基期信用风险预警概率自然对数值计算得到。

表7-2列示了全样本与各行业债券信用风险指数在考察期内的平均值与标准差。平均值方面，考察期内全样本债券信用风险指数平均值为99.02，仅公用事业相关受评债券信用风险指数平均值低于全样本债券信用风险指数值，能源、金融、工业、信息技术、日常消费、房地产、医疗保健、材料和可选消费等行业受评债券信用风险指数平均值高于全样本债券综合信用风险水平，表明A评级机构所评债券中属于公用事业的债券信用风险较低，而属于能源、金融、工业、信息技术、日常消费、房地产、医疗保健、材料和可选消费等行业的债券信用风险偏高；标准差方面，考察期内全样本债券信用风险指数标准差为2.6014，工业行业债券信用风险指数标准差最低，房地产行业债券信用风险指数标准差最高，表明A评级机构所评债券中属于工业行业的债券信用风险水平波动较小，房地产行业的债券信用风险水平波动程度最大。

从各行业债券信用风险指数走势图来看，如图7-3所示，在考察期内，仅公用事业类债券信用风险指数曲线始终

表 7－2　　各行业债券维度信用风险指数描述性统计

所属行业	平均值	标准差
全样本	99.02	2.6014
公用事业	86.48	3.5327
能源	99.46	17.8873
金融	102.07	9.3444
工业	104.04	2.9813
信息技术	111.15	4.1094
日常消费	112.33	5.0731
医疗保健	128.41	8.4794
可选消费	145.82	15.6403
房地产	146.93	19.1990
材料	150.16	9.3865

位于全样本债券信用风险指数曲线下方，表明 A 评级机构所评公用事业类债券信用风险较低且在所评债券中所占比重较大，对拉低 A 评级机构所评债券整体信用风险起到一定作用。从曲线上看，能源行业债券信用风险在 2021 年第一季度明显增大；房地产、可选消费、日常消费、医疗保健和材料等行业债券信用风险指数曲线普遍位于全样本债券综合信用指数曲线上方，表明 A 评级机构所评房地产、可选消费、日常消费、医疗保健和材料行业的债券信用风险水平在全样本中处于较高位置，信用资质相对较低。

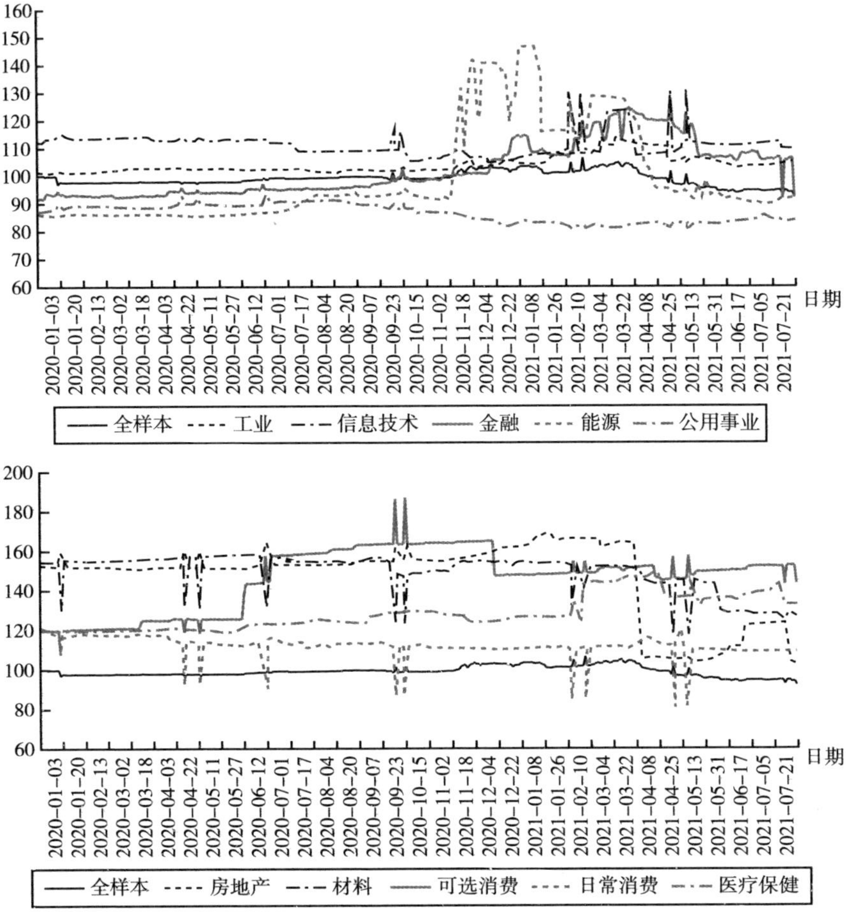

图 7-3　不同行业债券维度信用风险指数走势图

（三）按所属地区构建债券维度信用风险指数

以地区分类（7 个）为标签，分别计算各地区内以债券发行规模加权的债券信用风险指数。主体所属的地区根据其所在省、自治区、直辖市划分为东北地区、华北地区、华东地区、华中地区、华南地区、西南地区和西北地区共 7 类，如表 7 – 3 所示。

表 7 – 3　　　　　　　　地区分类表

序号	地区类别	包含省、自治区、直辖市
1	东北地区	辽宁省、吉林省、黑龙江省
2	华北地区	河北省、山西省、内蒙古自治区、北京市、天津市
3	华东地区	山东省、江苏省、安徽省、浙江省、福建省、江西省、上海市
4	华中地区	湖北省、河南省、湖南省
5	华南地区	广东省、广西壮族自治区、海南省
6	西南地区	云南省、贵州省、四川省、西藏自治区、重庆市
7	西北地区	新疆维吾尔自治区、陕西省、宁夏回族自治区、青海省、甘肃省

为保证总指数与子样本指数间存在可比性，信用风险子样本指数基期均设定为 2020 年 1 月 3 日，不同地区信用风险指数的基期指数值由 2020 年 1 月 3 日某地区的债券信用风险预警概率自然对数锚定全样本债券基期信用风险预警概率自然对数值计算得到。

表 7 – 4 列示了全样本与各地区债券信用风险指数在考察期内的平均值与标准差。平均值方面，考察期内全样本债券信用风险指数平均值为 99.02，华中地区、东北地区、华南地区、华北地区和西北地区受评债券信用风险指数平均值低于全样本债券信用风险水平，西南地区和华东地区受评债

券信用风险指数平均值高于全样本债券信用风险水平，表明A评级机构所评客户中位于华中地区、东北地区、华南地区、华北地区和西北地区的债券信用风险较低，而位于西南地区和华东地区的债券信用风险偏高；标准差方面，考察期内全样本债券信用风险指数标准差为2.6014，仅华中地区债券信用风险指数标准差低于全样本债券信用风险水平，表明A评级机构所评债券中属于华中地区的债券信用风险水平波动较小，其余地区债券信用风险水平波动较大，以华南地区债券信用风险水平波动程度最高。

表7－4　各地区债券维度信用风险指数描述性统计

所属地区	平均值	标准差
全样本	99.02	2.6014
华中地区	85.69	0.6727
东北地区	89.04	5.4649
华南地区	93.49	8.2573
华北地区	95.80	4.9927
西北地区	96.63	7.4546
西南地区	105.79	5.3216
华东地区	117.09	4.1788

从各地区债券信用风险指数走势图来看，在考察期内，A评级机构所评华中地区和东北地区债券信用风险指数曲线始终位于全样本债券信用风险指数曲线下方，表明A评级机

构所评华中地区和东北地区债券信用风险水平较其他地区债券信用风险水平较低，对拉低 A 评级机构所评债券整体信用风险起到一定作用；华北地区债券信用风险围绕全样本债券信用风险指数曲线上下波动；华东地区和西南地区债券信用风险指数曲线始终位于全样本债券信用风险指数曲线上方，表明 A 评级机构所评华东地区和西南地区债券信用风险水平较其他地区债券信用风险水平较高，信用资质相对较低，如图 7－4 所示。

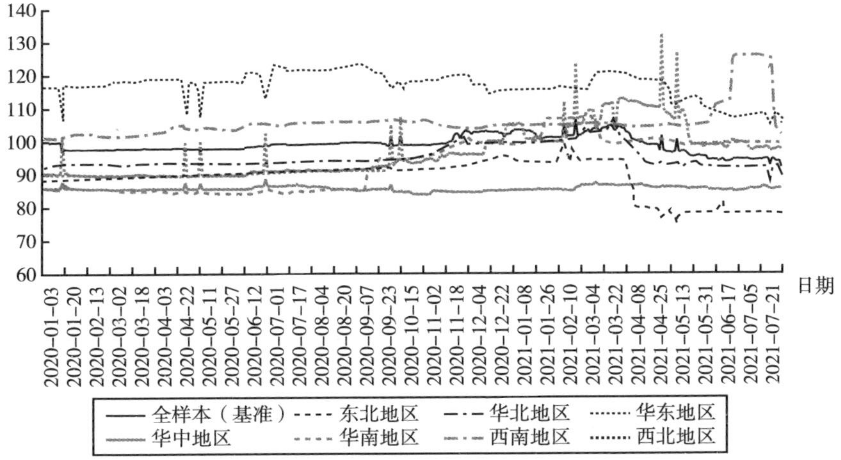

图 7－4 不同地区债券信用风险指数走势图

二、特定主体维度信用风险指数的计算与分析

在编制不同维度主体信用风险指数之前，我们要先

构建一个覆盖全样本的主体综合信用风险指数作为子样本指数的比较基准，主体组合信用风险指数的构建方法如下：

首先，以债券信用风险预警模型得到各债券每日风险预警概率，将单个主体相关债项中最大的预警概率作为单个主体的风险预警概率值，再以每个主体发行的债券总规模加权得到全样本每日风险预警概率值，每日主体总信用风险预警概率计算公式如下：

$$Risk\ Probability_t = \sum \left(\frac{Scale_i}{\sum_{i=1}^{n} Scale_i} \right) \times Risk\ Probability_{i,t}$$

其中，$Risk\ Probability_t$表示第 t 日的全样本主体信用风险预警概率，$Risk\ Probability_{i,t}$表示主体 i 相关债项在第 t 日的最高风险预警概率，$Scale_i$表示主体 i 相关债项总发行规模，$\frac{Scale_i}{\sum_{i=1}^{n} Scale_i}$表示主体 i 发行的所有债券的总发行规模占全样本主体总发行规模的比重。

而后，对每日主体总信用风险预警概率取自然对数。做对数变换不会改变原先数据的相对关系，即在时间序列中保证了每日主体总信用风险概率相对高低不会改变，但可以缩小数据的绝对数值，降低所得指数结果的波动幅度，提升指数稳定性。

基于对数变换后的每日主体总信用风险概率值，以

2020 年 1 月 3 日作为基期（指数值 100），计算 2020 年 1 月至 2021 年 7 月的主体综合信用风险指数：

$$报告期指数 = \frac{\ln(上期风险预警概率)}{\ln(本期风险预警概率)} \times 上期风险指数$$

从计算方法可得，该指数的值与样本主体信用风险水平呈正向变动关系，即主体综合信用风险指数越高，则表明样本主体信用风险水平越高；主体综合信用风险指数越低，样本主体信用风险水平越低。

从 A 评级机构所评主体综合信用风险指数走势来看，如图 7－5 所示，指数集中攀升的时间区间在 2020 年 11 月至 2021 年 3 月；该时间段内，所评客户中有 5 家主体发生违约。自 2021 年 4 月起，客户主体综合风险指数呈下降趋势，主体信用风险水平降低。

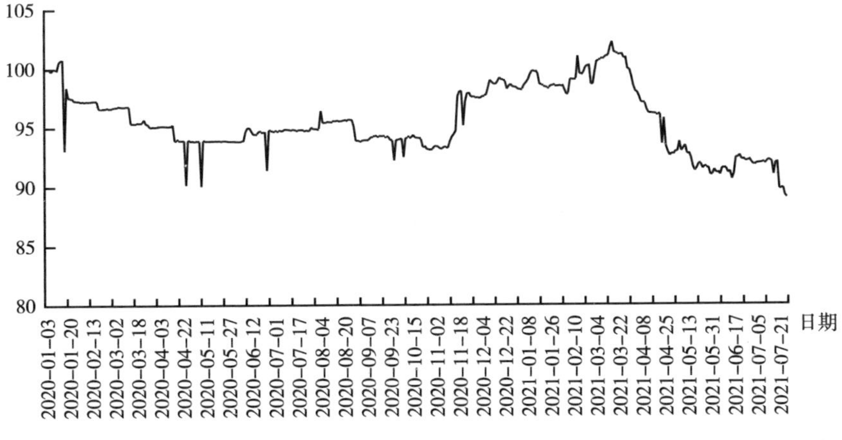

图 7－5　主体综合信用风险指数走势图

考虑到主体维度信用风险指数的编制过程中，单个主体的风险预警概率选取的是该主体发行的所有相关债券中风险预警概率的最大值，使得计算出的信用风险指数体现所有主体最高的风险值；因此，与债券维度信用风险指数相比，主体维度信用风险指数走势具有两方面特征：一方面，主体维度信用风险指数波动幅度更大，标准差更高；另一方面，主体维度信用风险指数体现预警风险上升的时间点更加提前，而预示风险下降的时间点稍有滞后。

下面依次将所属行业和地区作为各主体统计标签，进一步细分主体综合信用风险指数。由于样本数据均来源于 A 评级机构所评主体，因此，各细分维度信用风险指数曲线走势特征与 A 评级机构客户资质差异有较高的相关性。

（一）按所属行业构建主体维度信用风险指数

以 Wind 一级行业分类（10 个）为标签，分别计算各行业内以主体发行规模加权的各行业主体信用风险指数。主体所属的行业按照 Wind 一级行业进行分类，分为工业、房地产、信息技术、金融、材料、可选消费、能源、公用事业、日常消费、医疗保健共 10 类行业。

为保证总指数与子样本指数间存在可比性，信用风险子样本指数基期均设定为 2020 年 1 月 3 日，主体维度行业风险指数的基期指数值由 2020 年 1 月 3 日某行业的主体信用风险预警概率自然对数锚定全样本主体基期信用风险预警概率自然对数值计算得到。

表 7－5 列示了全样本与各行业主体信用风险指数在考察期内的平均值与标准差。平均值方面，考察期内主体综合信用风险指数平均值为 95.55，公用事业和能源行业受评主体信用风险指数平均值低于主体综合信用风险水平，金融、工业、信息技术、日常消费、房地产、医疗保健、材料和可选消费等行业受评主体信用风险指数平均值高于主体综合信用风险水平，表明 A 评级机构所评客户中属于公用事业和能源行业的主体信用风险较低，而属于金融、工业、信息技术、日常消费、房地产、医疗保健、材料和可选消费等行业的主体信用风险偏高；标准差方面，考察期内主体综合信用风险指数标准差为 2.7623，仅公用事业行业主体信用风险指数标准差低于主体综合信用风险水平，表明 A 评级机构所评客户中属于公用事业行业的主体信用风险波动较小，其余行业主体信用风险波动较大，以医疗保健行业主体信用风险波动程度最高。

表 7－5　　各行业主体维度信用风险指数描述性统计

所属行业	平均值	标准差
全样本	95.55	2.7623
公用事业	85.61	2.1145
能源	94.69	23.6663

续表

所属行业	平均值	标准差
金融	95.98	13.4132
工业	96.40	4.8061
信息技术	96.65	6.9864
日常消费	104.87	5.7977
房地产	127.85	19.5937
医疗保健	133.27	34.6436
材料	144.95	8.3335
可选消费	147.63	20.5984

从各行业主体信用风险指数走势图来看，如图 7－6 所示，在考察期内，仅公用事业类主体信用风险指数曲线始终位于主体综合信用风险指数（基准）曲线下方，表明 A 评级机构所评公用事业类主体信用风险较低且在所评主体中所占比重较大，对拉低 A 评级机构所评主体整体信用风险起到一定作用；从图形上看，工业、信息技术、金融和能源行业主体信用风险水平围绕全样本主体信用风险指数曲线上下波动，表明工业、信息技术、金融和能源行业主体信用风险水平在 A 评级机构所评客户整体信用风险水平中处于中位，其中能源行业主体信用风险水平在 2020 年 11 月至 2021 年 3 月间有较大幅度的提升；房地产、可选消费、日常消费、医疗保健和材料等行业主体信用风险指

数曲线普遍位于主体综合信用指数曲线上方，表明 A 评级机构所评房地产、可选消费、日常消费、医疗保健和材料行业的主体信用风险水平在全样本中处于较高位置，信用资质相对较低。

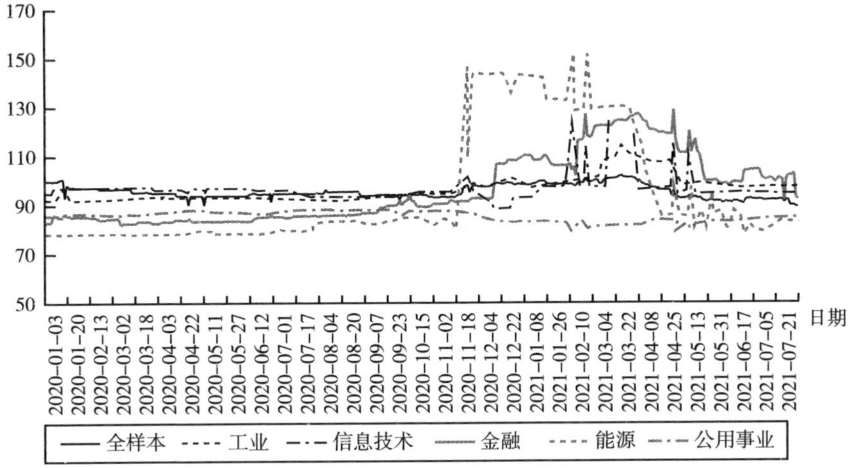

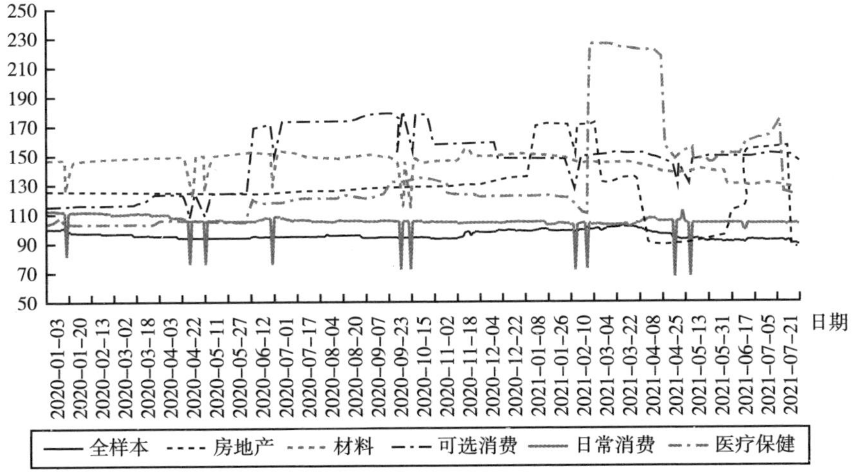

图 7－6　不同行业主体信用风险指数走势图

房地产行业：A 评级机构所评房地产行业信用风险指数一直处于较高水平，在 2021 年 1 月 7 日开始迅速攀升，2021 年 1 月 7 日房地产行业信用风险指数为 143.55，1 月 8 日指数值上升 8.15 至 151.70，在房地产行业样本中风险变动最大的主体为华夏幸福基业股份有限公司。1 月 8 日以前，华夏幸福基业股份有限公司主体信用风险预警概率持续增加，1 月 8 日预警概率上升至 13.96%，1 月 13 日预警概率更上升至 28.32%，短期内信用风险急剧增加，带动房地产行业信用风险指数陡增，1 月 15 日指数值为 173.49。华夏幸福基业股份有限公司于 2 月 27 日出现首只触发交叉违约的债券。

A 评级机构房地产行业信用风险指数在 2021 年 3 月至 5 月底有所回落，6 月初又出现明显上涨，此时，房地产行业样本中风险变动最大的主体为四川蓝光发展股份有限公司。6 月 2 日以前，四川蓝光发展股份有限公司主体信用风险预警概率持续增加，6 月 2 日预警概率由前一天的 7.85% 跳升至 23.80%，6 月 18 日预警概率更上升至 100%，短期内信用风险急剧增加，带动房地产行业信用风险指数陡增，6 月 1 日指数值为 95.39，6 月 2 日指数值为 109.10，6 月 18 日指数值升至 154.10。四川蓝光发展股份有限公司于 7 月 12 日出现首只实质违约的债券。

上述分析表明，样本主体风险预警概率跳升（单个主体信用风险预警概率超过 10%）均会引起相关信用风险指数的突变，可通过指数值突变挖掘样本内风险主体以达到预警功能，A 评级机构房地产行业信用风险指数在风险预警方面有一定前瞻性，这与其底层指标来源于预警风险模型结果密不可分。预警时效性方面，根据当前样本数据观测，可提前至少一个月时间显现未来出现的风险事件。通过绘制信用风险指数使得样本主体信用风险骤变更为直观，更好地预警风险变化。

医疗保健行业：2021 年 1 月以来，A 评级机构所评医疗保健行业样本仅有两家，分别是威高集团有限公司和武汉当代科技产业集团股份有限公司。从医疗保健行业信用风险指数走势图来看，图像在 2021 年 2 月和 7 月出现高峰，引起两次医疗保健行业指数值偏高的样本主体均为武汉当代科技产业集团股份有限公司。指数第一个高峰值出现在 2 月 22 日，为 226. 45，2 月 18 日至 2 月 22 日期间武汉当代科技产业集团股份有限公司信用风险预警概率由 2. 36% 增加到 18. 39%；4 月下旬，该公司信用风险概率逐渐降至 10% 以下，直至 7 月 8 日该公司信用风险概率上升至 10% 以上，医疗保险行业信用风险指数达到第二个高峰段，指数值最高达到 174. 59；7 月 15 日，该公司信用风险概率重回 10% 以下，8 月 12 日已回落至 3. 92%。截至 2021 年 8 月，武汉当代科技产业集团股份有限公司未出现重大风险事件。

（二）按所属地区构建主体维度信用风险指数

以地区分类（7个）为标签，分别计算各地区内以债券发行规模加权的债券信用风险指数。主体所属的地区根据其所在省、自治区、直辖市划分为东北地区、华北地区、华东地区、华中地区、华南地区、西南地区和西北地区共7类，如表7－3所示。

为保证总指数与子样本指数间存在可比性，信用风险子样本指数基期均设定为2020年1月3日，主体维度地区风险指数的基期指数值由2020年1月3日某地区的主体信用风险预警概率自然对数锚定全样本主体基期信用风险预警概率自然对数值计算得到。

表7－6列示了全样本与各地区主体信用风险指数在考察期内的平均值与标准差。平均值方面，考察期内主体综合信用风险指数平均值为95.55，东北地区、华中地区、华南地区和华北地区受评主体信用风险指数平均值低于主体综合信用风险水平，西南地区、西北地区和华东地区受评主体信用风险指数平均值高于主体综合信用风险水平，表明A评级机构所评客户中位于东北地区、华中地区、华南地区和华北地区的主体信用风险较低，而位于西南地区、西北地区和华东地区的主体信用风险偏高；标准差方面，考察期内主体综合信用风险指数标准差为2.7623，仅东北地区主体信用风险

指数标准差低于主体综合信用风险水平，表明A评级机构所评客户中属于东北地区的主体信用风险波动较小，其余地区主体信用风险波动较大，以西南地区主体信用风险波动程度最高。

表7-6　　各地区主体维度信用风险指数描述性统计

所属地区	平均值	标准差
全样本	95.55	2.7623
东北地区	84.57	2.6931
华中地区	86.76	7.8414
华南地区	88.56	5.8926
华北地区	90.94	7.0481
西南地区	97.13	15.4557
西北地区	101.79	8.2317
华东地区	108.98	4.9130

从各地区主体信用风险指数走势图来看，如图7-7所示，在考察期内，A评级机构所评东北地区、华北地区、华中地区、华南地区和西南地区主体信用风险指数曲线围绕主体综合信用风险指数曲线上下波动，表明A评级机构所评东北地区、华北地区、华中地区、华南地区和西南地区主体信用风险水平在A评级机构所评客户中主体信用风险水平处于中等水平，其中，西南地区主体信用风险水平在2021年第二季度表现明显升高；华东地区和西北地区主体信用风险指数曲线始终位于主体综合信用风险指数曲线

上方，表明A评级机构所评华东地区和西北地区主体信用风险水平较其他地区债券信用风险水平较高，信用资质相对较低。

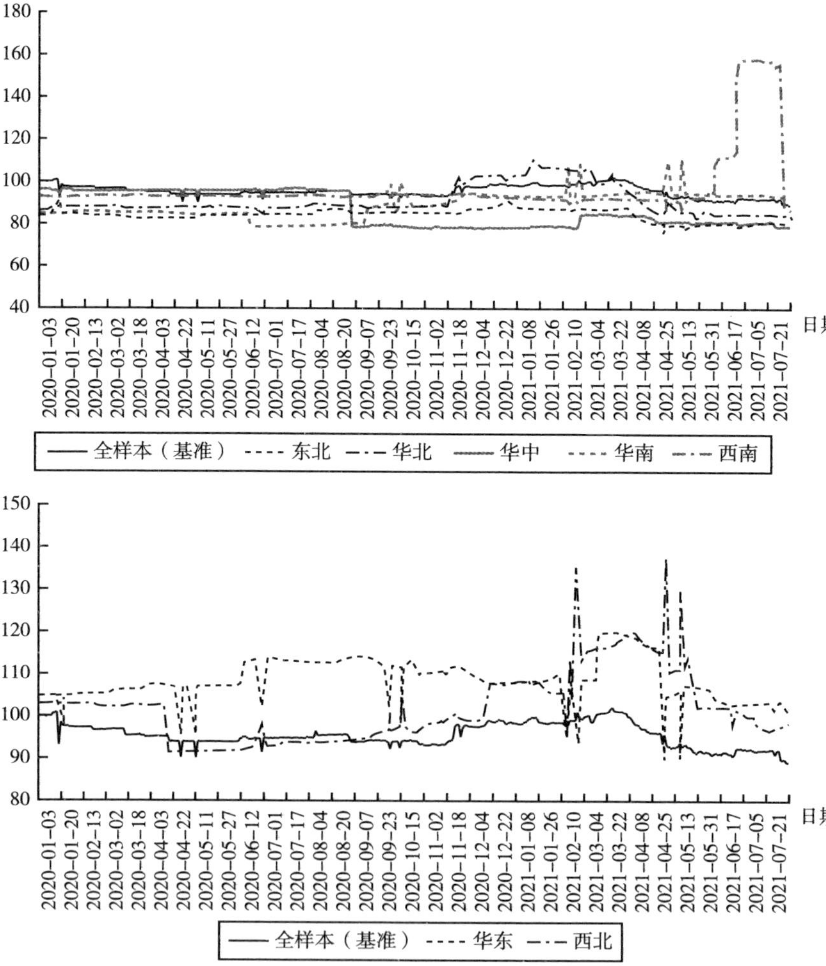

图7－7　不同地区主体信用风险指数走势图

A评级机构所评西南地区主体信用风险指数在2020年1

月至2021年5月一直较低，指数值持续低于100。自2021年6月起，指数值突破100，最高攀升至157.65，在西南地区样本中风险变动最大的主体为四川蓝光发展股份有限公司。6月2日以前，四川蓝光发展股份有限公司主体信用风险预警概率持续增加，6月2日预警概率由前一天的7.85%跳升至23.80%，使得西南地区信用风险指数值上升至第一个阶梯，由94.90上升至109.44；而后在6月18日四川蓝光发展股份有限公司主体预警概率更上升至100%，短期内信用风险急剧增加，带动西南地区信用风险指数陡增，6月22日指数值升至158.30。四川蓝光发展股份有限公司于7月12日出现首只实质违约的债券。由此可见，A评级机构西南地区信用风险指数在风险预警方面有一定前瞻性，可通过指数值突变挖掘样本内风险主体以达到预警功能。预警时效性方面，根据当前样本数据观测，可提前至少一个月时间。

本部分实证案例所得结论仅适用于A评级机构所评债券和主体，分析结论与A评级机构所评债券期限结构、所属行业和地区以及所评主体所属行业和地区分布特征密不可分。

第八章　结语与展望

2004 年的《巴塞尔新资本协议》标志着定量方法在信用风险度量领域得到认可，信用评级技术从定性到定量的发展，体现了信用风险识别能力的提高。本书着重介绍信用评级理论和实际应用中较为广泛的方法，包括常用的信用风险度量模型、评级质量检验方法、债券二级市场估值研究、债券风险预警模型构造、行业关键要素识别、债券组合指数构建等内容。

与传统评级类似，这些量化方法在应用中也存在着自身的局限性，例如 KMV 模型只能应用于上市公司主体，不考虑利率风险，假设利率恒定等；CreditRisk + 模型假设信用风险不受市场风险影响，并忽略了信用转移风险等；隐含评级方法的前提是市场有效性假说，即市场价格是正确的，但实际操作中市场的有效性还有待进一步验证；蒙特卡洛方法要求输入变量相互独立，收敛速度较慢。此外，现有评级理论、指标体系、评级方法、评级模型等并不完善，而且各个评级机构都有自己的评级方法，导致评级结果存在缺乏一致性、各等级间区分度不高等问题。

但正是由于理论、方法或模型等存在缺陷，才促进了评级行业不断向前发展，只有不断引入新的理论和方法，才能不断改进和优化评级模型。近些年，随着互联网的蓬勃发展，金融行业和互联网接轨，大数据技术逐渐适用于对金融数据的挖掘和分析，使评级行业具有了新的行业数据特征。例如，机器学习中的神经网络算法，内含大量参数，系统灵活，且具有自我学习和自我适应的能力，国内已有诸多学者和机构广泛探索了基于 BP 神经网络的商业银行信用风险模型。支持向量机（SVM）算法从线性可分情况下的最优分类发展而来，在处理小样本、非线性、高维度等问题时有较大的优势，有很多学者利用 SVM 建模研究企业信用风险，从指标体系、数据处理、参数优化等过程着手，得到了能够较好刻画企业信用风险的模型。随机森林属于较为前沿的机器学习算法，适用于解决具有先验条件未知、约束条件较多、数据不完整等特点的问题，并且能够提取出对评级结果影响权重较大的指标，建立高效的评级指标体系，帮助学者更深入了解评级指标和评级结果。总体上，机器学习算法可以从大量数据中分析数据间的关系，从中提取有效的特征，克服数据结构的约束。目前，已有学者用机器学习和量化模型结合的方法，相互弥补各自的缺点，从而准确度量信用风险、预测违约。但是，机器学习也容易存在过拟合现象，神经网络、SVM、随机森林等模型也有自身的局限性，因此，如果要求更精确的评级结果，未来还需要对算法进行优化和适应性改进。

除了量化模型、大数据技术等的发展和应用，金融理论中的行为金融学也被引入，成为新的度量信用风险的维度。行为金融学兴起于20世纪80年代，是对传统金融理论的反思和修正，行为金融学认为市场参与者并不是完全理性的，和传统金融学中“理性人”的假说相反。行为金融学带来的问题包括市场参与者的风险偏好转移、过度自信、羊群效应等动物精神，这些都冲击了传统的信用风险模型以及评级模型，因为市场在行为金融学的理论下不再是有效的，即市场价格不再正确，那么评级模型结果就有失公允。反观国内，无论是股票交易市场还是债券交易市场，都难言市场有效，而行为金融学能够解释更多异象。例如市场情绪因子被纳入股票多因子模型中，这意味着象征情绪的指标也可以用于对信用风险的度量和预警，纳入评级模型中。此外，关于对异质信念的研究，也可尝试将其应用到债券定价模型中。因此，行为金融学对于提高评级模型的有效性将会发挥重要作用。

随着大数据产生的还有区块链技术，其主要特点是弱中心化、信息不可篡改等，涵盖了对密码学、数学、经济学、信息技术等理论的应用。信用风险领域如果加入区块链技术，将会使信用风险模型或评级模型得到一定程度改善。由于建模一般会使用财务数据，如果数据上链，透明度和准确性将会大大提高。因此，如果区块链技术推广到信用风险度量或评级领域，结合区块链自己的特点，将会对建模产生重要影响。

由于我国债券违约历史相对短暂，相关政策、法规尚不完备，国内的信用评级体系有待发展和完善。信用评级是知识密集型行业，高度依赖于信息、方法和数据，其发展伴随着各种学科理论的引入和信息技术的不断更新迭代。信用评级在当下应当融合大数据、互联网、人工智能等新兴信息技术，并开始对数字化转型进行探索，对业务数据进行充分而高效的运用。信用评级的目标是追求评级结果的准确性，技术、理论等的进步一定会对评级行业产生深远的影响，因此，评级机构要及时洞悉内外环境的变化并快速响应，提升评级产品及服务的效率和质量，以适应时代和行业的发展。

参考文献

高明，2013. 法国中央银行信用评级体系比较研究［J］. 金融理论与实践（10）：4－108.

张旭昆，李晓红，2015. 美国信用评级业发展及其借鉴［J］. 征信（1）：66－69.

杨柳，2009. 我国短期融资券的信用风险度量——基于信用迁移矩阵的信用风险度量研究［D］. 复旦大学.

张浩，2018. 中国信用评级市场的发展回顾与展望［J］. 经济视野（10）：29－35.

冯琦，2013. 国内外信用评级业发展对比分析［J］. 中国流通经济（6）：97－102.

高陆，童秉枢，董兴辉，罗炜，2003. 供应商评价体系及方法［J］. 机械科学与技术（2）：295－298.

冯丽丽，2013. 基于 AHP 的基层审计机关绩效评价体系的构建［J］. 中小企业管理与科技（22）：62－63.

宋广付，黄元媛，袁文翠，2018. 层级分析法在学生组织招新中的应用 [J]. 产业与科技论坛 (10): 54 – 55.

姬永红，毕逸文，2018. 基于层次分析法的成都电力隧道开挖方案对比分析 [J]. 城市道桥与防洪 (4): 148 – 153.

王岚，孟燕凤，2020. 基于 AHP 法的 Z 公司财务绩效评价 [J]. 中国经贸导刊 (8): 130 – 131.

张迎珍，2006. 环境管理与可持续发展评价 [M]. 北京：中国科学技术出版社.

曹翔宇，孟枫平，2017. 基于 AHP – 模糊综合评价法的 PPP 项目投资风险评价研究 [J]. 天津商业大学学报 (1): 60 – 67.

陈伟，2010. 多元统计分析在区域经济评价中的运用 [D]. 武汉科技大学.

王飞，吴梁，2012. 基于 KMV 方法的公司信用风险度量研究 [J]. 天津商业大学学报 (10): 277 – 278.

汪冬华，2007. 信用风险度量的理论模型及应用 [M]. 上海：上海财经大学出版社.

王小艺，周宇琴，赵峙尧，王立，许继平，于家斌，2020. 基于蒙特卡洛仿真的湖库水质预测及富营养化风险评估方法 [J]. 计算机应用研究 (3): 693 – 698.

宋宇，李鸿禧，2020. 基于决策树集成的债券发行企业财务预警研究 [J]. 财会月刊 (6): 45 – 50.

杨贵军，周亚梦，孙玲莉，2019. 基于 Benford – Logistic 模型的企业财务风险预警方法［J］. 数量经济技术经济研究（10）：149 – 164.

蔡立新，李嘉欢，2018. 大数据时代企业财务风险预警机制与路径探究［J］. 财会月刊（15）：40 – 45.

蒋书彬，2016. 违约发债主体财务指标特征研究［J］. 债券（6）：41 – 47.

蒋恒，杜立辉，2016. 我国债券市场违约成因分析及未来信用状况展望［J］. 债券（5）：43 – 47.

李茜，唐恒书，2019. 基于三种 BP – NNs 改进算法的财务预警研究［J］. 会计之友（6）：57 – 64.

曹晓雷，2019. 企业信用评级中财务分析存在的问题及改进措施［J］. 商业会计（6）：166 – 167.

孙薇，2005. 浅析信用风险评价方法［J］. 沿海企业与科技（4）：68 – 69.

刘小萌，许长新，2017. 利用财务比率和公司治理指标建构企业信用评级预测模型［J］. 财会月刊（3）：47 – 55.

周少飞，王亮，2014. 基于 AHP 层次分析法的中小企业信用评级模型构建［J］. 征信（5）：38 – 42.

邹昆仑，陆萍，2018. 基于 Z 模型对中国企业债信用评级的实证研究［J］. 宏观经济研究（5）：72 – 84.

薛雨薇，2018. 基于因子分析法的我国医药行业上市公司信用评级研究［D］．天津财经大学．

迟国泰，张亚京，石宝峰，2016．基于 Probit 回归的小企业债信评级模型及实证［J］．管理科学学报（6）：136－156．

王炳杰，2016．基于 Logit 模型的我国上市公司信用风险实证研究［D］．山西财经大学．

邹亚宝，梁红漫，2013．基于 Logistic 回归的我国上市公司信用评级模型研究［J］．西南金融（3）：14－19．

大公国际资信评估有限公司，2020．电力企业信用评级方法［OL］．www. dagongcredit. com.

大公国际资信评估有限公司，2021．城市基础设施建设投融资企业信用评级方法［OL］．www. dagongcredit. com.

大公国际资信评估有限公司，2021．房地产企业信用评级方法［OL］．www. dagongcredit. com.

赵长城，2005．经济应用数学概率论与数理统计［M］．河北：河北人民出版社．

陶吉，2008．基于债权人视角的企业财务危机预警模型研究——以长三角地区上市公司为例［D］．南京工业大学．

黄海，罗友丰，陈志英，2001．SPSS 10.0 for Windows 统计分析［M］．北京：人民邮电出版社．

苏金明，2004．MATLAB 工具箱应用［M］．北京：电子工业出版社．

钱素萍，2002. 不同对比基期价格指数的内容、特点和应用［J］. 无锡商业职业技术学院学报（3）：47－49.

史志贵，2011. 证券投资实务［M］. 西安：西安交通大学出版社.

雪球，2020. 固收视野|债券指数资管业务应用浅析（上）［OL］. www. xueqiu. com/7381621247/161380323.

李艳，2018. 公募 FOF 的策略研究与应用［D］. 浙江大学.